Sabor Oriental

Un Viaje Culinario a la Cocina China

Li Wei

Resumen

Pollo con tocino *10*
Papas fritas con pollo y plátano *11*
Pollo con jengibre y champiñones *12*
pollo y jamon *14*
Hígado de pollo a la parrilla *15*
Albóndigas de cangrejo con castañas de agua *16*
Pequeña cantidad *17*
Rollitos de jamón y pollo *18*
Dar la vuelta al jamón cocido *19*
Pescado ahumado falso *20*
Champiñones al vapor *22*
Champiñones con salsa de ostras *23*
Rollito de cerdo y ensalada *24*
Albóndigas de cerdo y castañas *26*
Albóndigas de cerdo *27*
Langostinos con salsa de lichi *29*
Camarones fritos con mandarinas *31*
Gambas con tirabeques *32*
Camarones con champiñones chinos *34*
Camarones fritos y guisantes *35*
Gambones con chutney de mango *36*
langostinos pekineses *38*
Gambas con pimientos *39*
Gambas fritas con cerdo *40*
Gambas fritas con salsa de Jerez *42*
Camarones fritos con sésamo *44*
Frito en concha de camarón *45*
Camarón frito *46*
tempura de gambas *47*
Chicle *48*
Camarones Con Tofu *50*
Gambas Con Tomate *51*

Camarones con salsa de tomate *52*
Camarones con salsa de tomate y chile *53*
Camarones fritos con salsa de tomate *54*
Gambas con verduras *56*
Gambas con castañas de agua *57*
wonton de camarones *58*
Abulón con pollo *59*
Abulón con espárragos *60*
Abulón con champiñones *62*
Abulón con salsa de ostras *62*
almejas al vapor *63*
Mejillones con brotes de soja *65*
Mejillones con jengibre y ajo *66*
Almejas fritas *67*
pasteles de cangrejo *68*
crema de cangrejo *69*
Carne de cangrejo de hoja chino *70*
Cangrejo Foo Yung con brotes de soja *71*
Cangrejo de jengibre *72*
Cangrejo Lo Mein *73*
Cangrejo frito con cerdo *75*
Carne de cangrejo frita *76*
bolas de calamar fritas *77*
langosta cantonesa *78*
langosta frita *80*
Langosta al vapor con jamón *81*
Langosta con champiñones *82*
Cola de langosta con cerdo *83*
langosta frita *85*
nidos de langosta *86*
Mejillones en salsa de judías negras *87*
Mejillones con jengibre *87*
Mejillones al vapor *89*
ostras fritas *90*
Ostras con tocino *91*
Ostras fritas con jengibre *92*

Ostras con salsa de frijoles negros 93
Vieiras con brotes de bambú 94
vieiras con huevos 96
Vieiras con brócoli 97
Vieiras con jengibre 99
vieiras con jamón 100
Huevos revueltos con vieiras y hierbas 101
Mejillones y cebollas asadas 102
Vieiras con verduras 103
Vieiras con pimentón 105
Calamares con brotes de soja 106
calamar frito 107
paquetitos de calamares 108
rollo de calamar frito 110
Calamar frito 112
Calamares Con Champiñones Secos 113
Calamares con verduras 114
Estofado de ternera con anís 115
Ternera con espárragos 116
Ternera con brotes de bambú 118
Ternera con brotes de bambú y setas 119
Carne De Res Estofada China 121
Carne de res con brotes de soja 121
Ternera con brócoli 123
Ternera con semillas de sésamo y brócoli 124
Carne a la parrilla 126
carne cantonesa 127
Ternera con zanahorias 128
Ternera con anacardos 129
Cazuela de carne en olla de cocción lenta 130
Carne De Res Con Coliflor 131
Ternera con apio 132
Rebanadas de rosbif con apio 133
Lonchas de ternera con pollo y apio 134
Carne Con Chile 136
Col china de res 138

Suey de bistec *139*
Ternera con pepino *141*
Chow Mein de carne *142*
filete de pepino *144*
Curry de carne asada *145*
Tortilla De Castañas Y Jamón Y Agua *147*
tortilla de langosta *148*
tortilla de ostras *149*
tortilla de camarones *150*
Tortilla con vieiras *151*
tortilla con tofu *152*
Tortilla rellena de cerdo *153*
Tortilla rellena de camarones *154*
Rollo de tortilla al vapor con relleno de pollo *155*
panqueques de ostras *156*
Tortitas De Camarones *157*
huevos revueltos chinos *158*
Huevos revueltos con pescado *159*
Huevos revueltos con champiñones *160*
Huevos revueltos con salsa de ostras *161*
Huevos revueltos con cerdo *162*
Huevos revueltos con cerdo y camarones *163*
Huevos revueltos con espinacas *164*
Huevos revueltos con cebollino *165*
Huevos revueltos con tomates *166*
Huevos revueltos con verduras *167*
soufflé de pollo *168*
soufflé de cangrejo *169*
Soufflé de cangrejo y jengibre *170*
soufflé de pescado *171*
soufflé de camarones *172*
Soufflé de camarones con brotes de soja *173*
soufflé de verduras *174*
Huevo de Foo Yung *175*
Huevos fritos Foo Yung *176*
Cangrejo Foo Yung con champiñones *177*

Huevos Foo Yung con jamón 178
Huevo De Cerdo Frito Foo Yung 179
Foo Yung Huevo De Cerdo Y Gambas 180
arroz blanco 181
arroz integral cocido 181
Arroz con Carne 182
Arroz con hígado de pollo 183
Arroz con pollo y champiñones 184
Arroz de coco 184
Arroz con carne de cangrejo 185
Arroz con guisantes 186
Arroz con pimienta 187
Arroz con huevos escalfados 188
arroz singapur 189
Arroz lento en el barco 190
arroz frito al vapor 191
Arroz frito 192
arroz frito con almendras 193
Arroz frito con tocino y huevos 194
Arroz frito con carne 195
Arroz frito con carne picada 196
Arroz frito con carne y cebolla 197
pollo arroz frito 198
arroz con pato asado 199
Arroz al vapor con jamón 200
Arroz con jamón ahumado y caldo 201
cerdo con arroz frito 202
Arroz frito con cerdo y camarones 203
Arroz frito con camarones 204
arroz frito y guisantes 205
Arroz frito con salmón 206
arroz frito especial 207
Diez arroces caros 208
Arroz con Atún Asado 209
Fideos de huevo cocidos 210
pasta al huevo al vapor 211

pasta tostada *211*
pasta frita *212*
Pasta frita suave *213*
Tagliatelle al vapor *214*
pasta fría *215*
cesta de pasta *216*
panqueques de masa *217*

Pollo con tocino

para 4 personas

225 g / 8 oz de pollo, en rodajas muy finas
75 ml / 5 cucharadas de salsa de soja
15 ml / 1 cucharada de vino de arroz o jerez seco
1 diente de ajo machacado
15 ml / 1 cucharada de azúcar moreno
5 ml / 1 cucharadita de sal
5 ml / 1 cucharadita de raíz de jengibre finamente picada
225 g de tocino magro, cortado en cubos
100 g de castañas de agua cortadas en rodajas muy finas
30 ml / 2 cucharadas de miel

Coloca el pollo en un bol. Mezclar 45 ml / 3 cucharadas de salsa de soja con vino o jerez, ajo, azúcar, sal y jengibre, verter sobre el pollo y marinar durante aprox. durante 3 horas. Coloca el pollo, el tocino y las castañas en la brocheta de kebab. Mezclar el resto de la salsa de soja con la miel y esparcirla en la brocheta. Ase (hornee) bajo una parrilla caliente durante unos 10 minutos hasta que esté bien cocido, volteándolo con frecuencia y rociándolo con más glaseado mientras cocina.

Papas fritas con pollo y plátano

para 4 personas

2 pechugas de pollo hervidas

2 plátanos duros

6 rebanadas de pan

4 huevos

120 ml / 4 fl oz / ¬Ω taza de leche

50 g / 2 oz / ¬Ω taza de harina para todo uso

225 g / 8 oz / 4 tazas de pan rallado fresco

Freír en aceite

Corta el pollo en 24 trozos. Pela el plátano y córtalo a lo largo en cuartos. Corta cada cuarto en tercios para hacer 24 piezas. Cortar la corteza del pan y cortarlo en cuartos. Batir el huevo y la leche y pincelar un lado del pan. Coloque un trozo de pollo y un trozo de plátano en el lado cubierto de huevo de cada rebanada de pan. Enharine ligeramente los cuadrados, luego sumérjalos en huevo y páselos por pan rallado. Agrega nuevamente el huevo y el pan rallado. Calentar el aceite y sofreír en unos cuadritos hasta que estén dorados. Escurrir sobre papel de cocina antes de servir.

Pollo con jengibre y champiñones

para 4 personas

225 g de filete de pechuga de pollo

5 ml / 1 cucharadita de polvo de cinco especias

15 ml / 1 cucharada de harina para todo uso

120 ml / 4 fl oz / ¬Ω taza de aceite de maní (maní)

4 chalotas cortadas por la mitad

1 diente de ajo, rebanado

1 rodaja de raíz de jengibre, picada

25 g / 1 oz / ¬° taza de anacardos

5 ml / 1 cucharadita de miel

15 ml / 1 cucharada de harina de arroz

75 ml / 5 cucharadas de vino de arroz o jerez seco

100 g de champiñones cortados en cuartos

2,5 ml / ¬Ω cucharadita de cúrcuma

6 chiles amarillos cortados por la mitad

5 ml / 1 cucharadita de salsa de soja

¬Ω jugo de lima

sal pimienta

4 hojas de lechuga crujientes

Corta la pechuga de pollo en diagonal sobre el parmesano en tiras finas. Espolvoree con polvo de cinco especias y cubra finamente con harina. Calentar 15 ml / 1 cucharada de aceite y freír el pollo hasta que esté dorado. Retirar de la sartén. Calentar un poco más de aceite y sofreír las chalotas, el ajo, el jengibre y los anacardos durante 1 minuto. Agrega la miel y revuelve hasta que las verduras estén cubiertas. Espolvorea con harina y luego añade el vino o el jerez. Agrega los champiñones, la cúrcuma y la guindilla y cocina por 1 minuto. Agrega el pollo, la salsa de soja, el jugo de media lima, sal y pimienta, luego calienta. Sacar de la sartén y mantenga caliente. Calentar un poco más de aceite, añadir las hojas de lechuga y sofreír rápidamente,

pollo y jamon

para 4 personas

225 g / 8 oz de pollo, en rodajas muy finas
75 ml / 5 cucharadas de salsa de soja
15 ml / 1 cucharada de vino de arroz o jerez seco
15 ml / 1 cucharada de azúcar moreno
5 ml / 1 cucharadita de raíz de jengibre finamente picada
1 diente de ajo machacado
225 g de jamón cocido cortado en cubos
30 ml / 2 cucharadas de miel

Colocar el pollo en un bol con 45 ml / 3 cucharadas de salsa de soja, vino o jerez, azúcar, jengibre y ajo. Déjalo marinar durante 3 horas. Coloca el pollo y el jamón en la brocheta de kebab. Mezclar el resto de la salsa de soja con la miel y esparcirla en la brocheta. Ase (hornee) bajo una parrilla caliente durante unos 10 minutos, volteándolos con frecuencia y untándolos con glaseado mientras hornea.

Hígado de pollo a la parrilla

para 4 personas

450 g / 1 libra de hígado de pollo
45 ml / 3 cucharadas de salsa de soja
15 ml / 1 cucharada de vino de arroz o jerez seco
15 ml / 1 cucharada de azúcar moreno
5 ml / 1 cucharadita de sal
5 ml / 1 cucharadita de raíz de jengibre finamente picada
1 diente de ajo machacado

Cocine el hígado de pollo en agua hirviendo durante 2 minutos y luego escúrralo bien. Colocar en un bol con todos los demás ingredientes excepto el aceite y dejar marinar durante unas 3 horas. Enhebre el hígado de pollo en una brocheta de kebab y cocínelo (ase a la parrilla) bajo una parrilla caliente durante unos 8 minutos hasta que se dore.

Albóndigas de cangrejo con castañas de agua

para 4 personas

450 g / 1 libra de carne de cangrejo, picada

100 g de castañas de agua picadas

1 diente de ajo machacado

1 cm / ¬Ω raíz de jengibre, en rodajas y picada

45 ml / 3 cucharadas de harina de maíz (almidón de maíz)

30 ml / 2 cucharadas de salsa de soja

15 ml / 1 cucharada de vino de arroz o jerez seco

5 ml / 1 cucharadita de sal

5 ml / 1 cucharadita de azúcar

3 huevos batidos

Freír en aceite

Mezclar todos los ingredientes menos el aceite y formar bolitas. Calentar el aceite y sofreír las bolas de cangrejo hasta que estén doradas. Escurrir bien antes de servir.

Pequeña cantidad

para 4 personas

100 g de gambas peladas y cortadas en trozos pequeños
225 g de carne magra de cerdo finamente picada
50 g de col china, finamente picada
3 cebolletas (cebolletas), finamente picadas
1 huevo batido
30 ml / 2 cucharadas de harina de maíz (almidón de maíz)
10 ml / 2 cucharaditas de salsa de soja
5 ml / 1 cucharadita de aceite de sésamo
5 ml / 1 cucharadita de salsa de ostras
24 pieles de wonton
Freír en aceite

Mezclar los camarones, el cerdo, el repollo y la cebolleta. Mezclar los huevos, la harina de maíz, la salsa de soja, el aceite de sésamo y la salsa de ostras. Vierta una cucharada de la mezcla en el centro de cada piel de wonton. Presiona con cuidado el envoltorio alrededor del relleno, une los bordes, pero deja la parte superior abierta. Calentar el aceite y sofreír el dim sum unas cuantas veces hasta que se dore. Escurrir bien y servir caliente.

Rollitos de jamón y pollo

para 4 personas

2 pechugas de pollo
1 diente de ajo machacado
2,5 ml / ½ cucharadita de sal
2,5 ml / ½ cucharadita de cinco especias en polvo
4 lonchas de jamón cocido
1 huevo batido
30 ml / 2 cucharadas de leche
25 g / 1 oz / ¼ taza de harina para todo uso
Cáscaras de 4 rollitos de huevo
Freír en aceite

Corta las pechugas de pollo por la mitad. Licuarlos muy finamente. Mezcle el ajo, la sal y las cinco especias en polvo y espolvoree sobre el pollo. Coloca una loncha de jamón encima de cada trozo de pollo y enróllalo bien. Mezclar el huevo y la leche. Enharine ligeramente los trozos de pollo y luego viértalos en la mezcla de huevo. Coloca cada pieza sobre la piel de un rollito de huevo y pinta los bordes con huevo batido. Dobla los lados, luego enrolla, pellizcando los bordes para cerrar. Calienta el aceite y fríe los sándwiches en unos 5 minutos hasta que estén dorados y bien cocidos. Escurrir sobre papel de cocina y luego cortar en rodajas diagonales gruesas para servir.

Dar la vuelta al jamón cocido

para 4 personas

350 g / 12 oz / 3 tazas de harina para todo uso
175 g / 6 oz / ¬œ taza de mantequilla
120 ml / 4 fl oz / ¬Ω taza de agua
225 gramos de jamón picado
100 g de brotes de bambú, picados
2 cebolletas (cebolletas), finamente picadas
15 ml / 1 cucharada de salsa de soja
30 ml / 2 cucharadas de semillas de sésamo

Coloca la harina en un bol y agrega la mantequilla. Mezclar con agua para hacer una pasta. Estirar la masa y cortarla en círculos do 5/2 cm, mezclar el resto de ingredientes excepto las semillas de sésamo y poner una cucharada en cada círculo. Cepille los bordes de la masa con agua y selle. Cepille el exterior con agua y espolvoree con semillas de sésamo. Hornear en horno precalentado a 180 °C / temperatura 4 durante 30 minutos.

Pescado ahumado falso

para 4 personas

1 lubina

3 rodajas de raíz de jengibre, en rodajas

1 diente de ajo machacado

1 cebolleta, a menudo cortada en rodajas

75 ml / 5 cucharadas de salsa de soja

30 ml / 2 cucharadas de vino de arroz o jerez seco

2,5 ml / ¬Ω cucharadita de anís molido

2,5 ml / ¬Ω cucharadita de aceite de sésamo

10 ml / 2 cucharaditas de azúcar

120 ml / 4 fl oz / ¬Ω taza de caldo

Freír en aceite

5 ml / 1 cucharadita de harina de maíz (almidón de maíz)

Pela el pescado y córtalo en rodajas transversales de 5 mm (¬º pulgada). Mezclar el jengibre, el ajo, la cebolleta, 60 ml / 4 cucharadas de salsa de soja, el jerez, el anís y el aceite de sésamo. Vierta sobre el pescado y mezcle suavemente. Dejar reposar 2 horas, revolviendo de vez en cuando.

Escurre la marinada en una sartén y seca el pescado sobre papel de cocina. Agregue el azúcar, el caldo y el resto de la salsa de soja a la marinada, lleve a ebullición y cocine a fuego lento durante 1 minuto. Si necesitas espesar la salsa, mezcla la maicena con un poco de agua fría, agrégala a la salsa y cocina a fuego lento hasta que la salsa espese.

Mientras tanto, calentar el aceite y sofreír el pescado hasta que esté dorado. Escurrir bien. Sumerja los trozos de pescado en la marinada y luego colóquelos en un plato para servir caliente. Servir caliente o frío.

Champiñones al vapor

para 4 personas

12 champiñones secos capilla grandes
225 g de carne de cangrejo
3 castañas de agua, picadas
2 cebolletas (cebolletas), finamente picadas
1 clara de huevo
15 ml / 1 cucharada de harina de maíz (almidón de maíz)
15 ml / 1 cucharada de salsa de soja
15 ml / 1 cucharada de vino de arroz o jerez seco

Remoja los champiñones en agua tibia durante la noche. Presione para secar. Mezclar el resto de los ingredientes y utilizar para rellenar las tapas de los champiñones. Colóquelo en una rejilla para vaporera y cocine al vapor durante 40 minutos. Servir caliente.

Champiñones con salsa de ostras

para 4 personas

10 champiñones chinos secos
250 ml / 8 fl oz / 1 taza de caldo de res
15 ml / 1 cucharada de harina de maíz (almidón de maíz)
30 ml / 2 cucharadas de salsa de ostras
5 ml / 1 cucharadita de vino de arroz o jerez seco

Remoja los champiñones en agua tibia durante 30 minutos, luego escurre y reserva 250 ml / 8 fl oz / 1 taza del líquido de remojo. Deseche los tallos. Mezclar 60 ml / 4 cucharadas de caldo de res con la harina de maíz hasta obtener una pasta. Hervir el caldo restante con los champiñones y el líquido de los champiñones, tapar y cocinar a fuego lento durante 20 minutos. Retire los champiñones del líquido con una espumadera y colóquelos en un plato caliente. Agregue la salsa de ostras y el jerez a la sartén y cocine a fuego lento, revolviendo, durante 2 minutos. Agrega la pasta de harina de maíz y cocina a fuego lento, revolviendo, hasta que la salsa espese. Vierta sobre los champiñones y sirva inmediatamente.

Rollito de cerdo y ensalada

para 4 personas

4 champiñones chinos secos
15 ml / 1 cucharada de aceite de maní
225 g de carne magra de cerdo picada
100 g de brotes de bambú, picados
100 g de castañas de agua picadas
4 cebolletas (cebolletas), finamente picadas
175 g de carne de cangrejo, en hojuelas
30 ml / 2 cucharadas de vino de arroz o jerez seco
15 ml / 1 cucharada de salsa de soja
10 ml / 2 cucharaditas de salsa de ostras
10 ml / 2 cucharaditas de aceite de sésamo
9 letras chinas

Remojar los champiñones en agua tibia durante 30 minutos y luego filtrar. Deseche los tallos y corte la parte superior. Calentar el aceite y sofreír el cerdo durante 5 minutos. Añade las setas, los brotes de bambú, las castañas de agua, las cebolletas y la carne de cangrejo y sofríe durante 2 minutos. Combine el vino o jerez, la salsa de soja, la salsa de ostras y el aceite de sésamo y mezcle en la sartén. Alejar del calor. Mientras tanto, blanquear las hojas chinas en agua hirviendo durante 1 minuto y luego colar. Vierta una cucharada de la mezcla de carne de cerdo en el centro de cada hoja, dóblela hacia un lado y luego enrolle para servir.

Albóndigas de cerdo y castañas

para 4 personas

450 g / 1 lb de carne de cerdo molida (picada)
50 g de champiñones finamente picados
50 g de castañas de agua, finamente picadas
1 diente de ajo machacado
1 huevo batido
30 ml / 2 cucharadas de salsa de soja
15 ml / 1 cucharada de vino de arroz o jerez seco
5 ml / 1 cucharadita de raíz de jengibre finamente picada
5 ml / 1 cucharadita de azúcar
sal
30 ml / 2 cucharadas de harina de maíz (almidón de maíz)
Freír en aceite

Mezclar todos los ingredientes menos la harina de maíz y formar bolitas con la masa. Agrega la harina de maíz. Calentar el aceite y sofreír las albóndigas hasta que estén doradas en unos 10 minutos. Escurrir bien antes de servir.

Albóndigas de cerdo

para 4 personas

450 g/1 libra de harina para todo uso

500 ml / 17 fl oz / 2 tazas de agua

450 g de carne de cerdo cocida picada

225 g de gambas peladas y cortadas en trozos pequeños

4 tallos de apio, picados

15 ml / 1 cucharada de salsa de soja

15 ml / 1 cucharada de vino de arroz o jerez seco

15 ml / 1 cucharada de aceite de sésamo

5 ml / 1 cucharadita de sal

2 cebolletas (cebolletas), finamente picadas

2 dientes de ajo, picados

1 rodaja de raíz de jengibre, picada

Amasar la harina y el agua hasta obtener una masa suave y amasar bien. Tapar y dejar reposar durante 10 minutos. Estirar la masa lo más fina posible y cortarla en aros de 5/2 cm, mezclar los demás ingredientes. Vierte una cucharada de la mezcla en cada círculo, humedece los bordes y ciérralo en semicírculo. Hierve una olla con agua y luego sumerge con cuidado las albóndigas en el agua. Cuando las albóndigas suban a la superficie, agregue 150 ml / ¬°pt / ¬æ taza de agua fría y luego vuelva a hervir el agua. Cuando las albóndigas suban se hornean.

Langostinos con salsa de lichi

para 4 personas

50 g / 2 oz / ½ una taza (para todos los usos)

Harina

2,5 ml / ½ cucharadita de sal

1 huevo, ligeramente batido

30 ml / 2 cucharadas de agua

450 g / 1 libra de camarones pelados

Freír en aceite

30 ml / 2 cucharadas de aceite de maní

2 rodajas de raíz de jengibre, picada

30 ml / 2 cucharadas de vinagre de vino

5 ml / 1 cucharadita de azúcar

2,5 ml / ½ cucharadita de sal

15 ml / 1 cucharada de salsa de soja

200 g de lichis enlatados, escurridos

Mezclar la harina, la sal, el huevo y el agua hasta que esté espumoso, si es necesario añadir un poco más de agua. Mezclar con los camarones hasta que estén bien cubiertos. Calentar el aceite y freír los camarones hasta que estén crujientes y dorados en unos minutos. Escurrir sobre papel de cocina y colocar en un plato caliente. Mientras tanto, calentar el aceite y sofreír el jengibre durante 1 minuto. Agrega el vinagre de vino, el azúcar, la sal y la salsa de soja. Agrega el lichi y revuelve hasta que esté caliente y cubierto con salsa. Vierta sobre los camarones y sirva inmediatamente.

Camarones fritos con mandarinas

para 4 personas

60 ml / 4 cucharadas de aceite de maní
1 diente de ajo machacado
1 rodaja de raíz de jengibre, picada
450 g / 1 libra de camarones pelados
30 ml / 2 cucharadas de vino de arroz o jerez seco 30 ml / 2 cucharadas de salsa de soja
15 ml / 1 cucharada de harina de maíz (almidón de maíz)
45 ml / 3 cucharadas de agua

Calentar el aceite y sofreír el ajo y el jengibre hasta que estén dorados. Agrega los camarones y sofríe por 1 minuto. Agrega el vino o jerez y mezcla bien. Agrega la salsa de soja, la maicena y el agua y sofríe durante 2 minutos.

Gambas con tirabeques

para 4 personas

5 champiñones chinos secos

225 g / 8 oz de brotes de frijol

60 ml / 4 cucharadas de aceite de maní

5 ml / 1 cucharadita de sal

2 tallos de apio, picados

4 cebolletas (cebolletas), finamente picadas

2 dientes de ajo, picados

2 rodajas de raíz de jengibre, picada

60 ml / 4 cucharadas de agua

15 ml / 1 cucharada de salsa de soja

15 ml / 1 cucharada de vino de arroz o jerez seco

225 g de guisantes azucarados

225 g de gambas peladas

15 ml / 1 cucharada de harina de maíz (almidón de maíz)

Remojar los champiñones en agua tibia durante 30 minutos y luego filtrar. Retire los tallos y corte la parte superior. Blanquear los brotes de soja en agua hirviendo durante 5 minutos y luego escurrirlos bien. Calentar la mitad del aceite y sofreír la sal, el apio, la cebolleta y los brotes de soja durante 1 minuto, luego retirar de la sartén. Calienta el aceite restante y saltea el ajo y el jengibre hasta que estén dorados. Agregue la mitad del agua, la salsa de soja, el vino o jerez, los guisantes y los camarones, deje hervir y cocine a fuego lento durante 3 minutos. Mezcle la harina de maíz y el agua restante hasta formar una pasta, mezcle en una sartén y cocine a fuego lento, revolviendo, hasta que la salsa espese. Vuelva a colocar las verduras en la sartén y cocine a fuego lento. Servir inmediatamente.

Camarones con champiñones chinos

para 4 personas

8 champiñones chinos secos
45 ml / 3 cucharadas de aceite de maní (maní)
3 rodajas de raíz de jengibre, picada
450 g / 1 libra de camarones pelados
15 ml / 1 cucharada de salsa de soja
5 ml / 1 cucharadita de sal
60 ml / 4 cucharadas de jugo de pescado

Remojar los champiñones en agua tibia durante 30 minutos y luego filtrar. Retire los tallos y corte la parte superior. Calentar la mitad del aceite y sofreír el jengibre hasta que esté ligeramente dorado. Agrega los camarones, la salsa de soja y la sal y fríe hasta que estén cubiertos de aceite, luego retíralos de la sartén. Calentar el aceite restante y sofreír los champiñones hasta que estén cubiertos de aceite. Agrega la sopa, deja hervir, tapa y cocina a fuego lento durante 3 minutos. Regrese los camarones a la sartén y revuelva hasta que estén bien calientes.

Camarones fritos y guisantes

para 4 personas

450 g / 1 libra de camarones pelados
5 ml / 1 cucharadita de aceite de sésamo
5 ml / 1 cucharadita de sal
30 ml / 2 cucharadas de aceite de maní
1 diente de ajo machacado
1 rodaja de raíz de jengibre, picada
225 g de guisantes congelados o escaldados, descongelados
4 cebolletas (cebolletas), finamente picadas
30 ml / 2 cucharadas de agua
sal pimienta

Mezclar los camarones con el aceite de sésamo y la sal. Calentar el aceite y sofreír el ajo y el jengibre durante 1 minuto. Agrega los camarones y sofríe por 2 minutos. Agrega los guisantes y sofríe durante 1 minuto. Añade las cebolletas y el agua y sazona con sal y pimienta al gusto y un poco más de aceite de sésamo. Antes de servir calentarlo removiendo con cuidado.

Gambones con chutney de mango

para 4 personas

12 camarones

sal pimienta

Jugo de 1 limón

30 ml / 2 cucharadas de harina de maíz (almidón de maíz)

1 mango

5 ml / 1 cucharadita de mostaza en polvo

5 ml / 1 cucharadita de miel

30 ml / 2 cucharadas de crema de coco

30 ml / 2 cucharadas de curry suave en polvo

120 ml / 4 fl oz / ¬Ω taza de sopa de pollo

45 ml / 3 cucharadas de aceite de maní (maní)

2 dientes de ajo picado

2 cebolletas (cebolletas), finamente picadas

1 hinojo, picado

100 g de chutney de mango

Pelar los camarones dejando las colas intactas. Espolvorea con sal, pimienta y jugo de limón, luego cubre con la mitad de la harina de maíz. Pela el mango, corta la piel del hueso y luego córtalo en cubos. Mezclar la mostaza, la miel, la crema de coco, el curry en polvo, el resto de la maicena y el caldo. Calentar la mitad del aceite y sofreír en él el ajo, la cebolleta y el hinojo durante 2 minutos. Agregue la mezcla de caldo, hierva y cocine a fuego lento durante 1 minuto. Agregue los cubos de mango y la salsa picante y caliente suavemente, luego transfiéralo a un recipiente caliente. Calienta el aceite restante y fríe los camarones por 2 minutos. Colocar encima de las verduras y servir de inmediato.

langostinos pekineses

para 4 personas

30 ml / 2 cucharadas de aceite de maní

2 dientes de ajo, picados

1 rodaja de raíz de jengibre, finamente picada

225 g de gambas peladas

4 cebolletas (cebolletas), cortadas en rodajas gruesas

120 ml / 4 fl oz / ¬Ω taza de sopa de pollo

5 ml / 1 cucharadita de azúcar moreno

5 ml / 1 cucharadita de salsa de soja

5 ml / 1 cucharadita de salsa hoisin

5 ml / 1 cucharadita de salsa tabasco

Calentar el aceite con el ajo y el jengibre y sofreír hasta que el ajo esté ligeramente dorado. Agrega los camarones y sofríe por 1 minuto. Agrega la cebolla y sofríe por 1 minuto. Añade los demás ingredientes, lleva a ebullición, tapa y cocina a fuego lento durante 4 minutos, revolviendo ocasionalmente. Revisa la sazón y agrega un poco más de Tabasco si quieres.

Gambas con pimientos

para 4 personas

30 ml / 2 cucharadas de aceite de maní
1 pimiento verde, picado
450 g / 1 libra de camarones pelados
10 ml / 2 cucharaditas de harina de maíz (almidón de maíz)
60 ml / 4 cucharadas de agua
5 ml / 1 cucharadita de vino de arroz o jerez seco
2,5 ml / ¬Ω cucharadita de sal
45 ml / 2 cucharadas de salsa de tomate (pasta)

Calentar el aceite y sofreír el pimiento durante 2 minutos. Agrega los camarones y la pasta de tomate y mezcla bien. Mezclar el agua de harina de maíz, el vino o jerez y la sal hasta formar una pasta, mezclar en la sartén y continuar mezclando hasta que la salsa se aclare y espese.

Gambas fritas con cerdo

para 4 personas

225 g de gambas peladas
100 g de carne magra de cerdo picada
60 ml / 4 cucharadas de vino de arroz o jerez seco
1 clara de huevo
45 ml / 3 cucharadas de harina de maíz (almidón de maíz)
5 ml / 1 cucharadita de sal
15 ml / 1 cucharada de agua (opcional)
90 ml / 6 cucharadas de aceite de maní (maní)
45 ml / 3 cucharadas de jugo de pescado
5 ml / 1 cucharadita de aceite de sésamo

Coloque los camarones y el cerdo en platos separados. Mezclar 45 ml / 3 cucharadas de vino o jerez, clara de huevo, 30 ml / 2 cucharadas de harina de maíz y sal hasta obtener una masa derretida, añadiendo agua si es necesario. Divida la mezcla entre la carne de cerdo y los camarones y revuelva bien para cubrir uniformemente. Calentar el aceite y freír el cerdo y los camarones hasta que estén dorados en unos minutos. Retirar de la sartén y verter todo menos 15 ml/1 cucharada de aceite. Agrega el caldo a la sartén con el vino o jerez restante y la harina de maíz. Llevar a ebullición y cocinar a fuego lento, revolviendo, hasta que la salsa espese. Vierta sobre los camarones y el cerdo y sirva rociados con aceite de sésamo.

Gambas fritas con salsa de Jerez

para 4 personas

50 g / 2 oz / ½ taza de harina para todo uso
2,5 ml / ½ cucharadita de sal
1 huevo, ligeramente batido
30 ml / 2 cucharadas de agua
450 g / 1 libra de camarones pelados
Freír en aceite
15 ml / 1 cucharada de aceite de maní
1 cebolla finamente picada
45 ml / 3 cucharadas de vino de arroz o jerez seco
15 ml / 1 cucharada de salsa de soja
120 ml / 4 fl oz / ½ taza de caldo de pescado
10 ml / 2 cucharaditas de harina de maíz (almidón de maíz)
30 ml / 2 cucharadas de agua

Mezclar la harina, la sal, el huevo y el agua hasta que esté espumoso, si es necesario añadir un poco más de agua. Mezclar con los camarones hasta que estén bien cubiertos. Calentar el aceite y freír los camarones hasta que estén crujientes y dorados en unos minutos. Escurrir sobre papel de cocina y colocar en un plato caliente. Mientras tanto, calentar el aceite y sofreír la cebolla hasta que esté blanda. Añade el vino o jerez, la salsa de soja y el caldo, deja hervir y cocina a fuego lento durante 4 minutos. Mezclar la harina de maíz y el agua hasta formar una pasta, mezclar en la sartén y continuar mezclando hasta que la salsa esté clara y espesa. Vierte la salsa sobre los camarones y sirve.

Camarones fritos con sésamo

para 4 personas

450 g / 1 libra de camarones pelados
¬Ω clara de huevo
5 ml / 1 cucharadita de salsa de soja
5 ml / 1 cucharadita de aceite de sésamo
50 g / 2 oz / ¬Ω taza de harina de maíz (maicena)
sal y pimienta blanca recién molida
Freír en aceite
60 ml / 4 cucharadas de semillas de sésamo
Hojas de ensalada

Mezcla los camarones con la clara de huevo, la salsa de soya, el aceite de sésamo, la maicena, la sal y la pimienta. Agrega un poco de agua si la mezcla queda demasiado espesa. Calentar el aceite y freír los camarones hasta que estén dorados en unos minutos. Mientras tanto, tuesta brevemente las semillas de sésamo en una sartén seca hasta que estén doradas. Escurrir las gambas y mezclar con las semillas de sésamo. Servir sobre una cama de ensalada.

Frito en concha de camarón

para 4 personas

60 ml / 4 cucharadas de aceite de maní

750 g / 1¬Ω lb de camarones sin cáscara

3 cebolletas (cebolletas), finamente picadas

3 rodajas de raíz de jengibre, picada

2,5 ml / ¬Ω cucharadita de sal

15 ml / 1 cucharada de vino de arroz o jerez seco

120 ml / 4 fl oz / ¬Ω taza de salsa de tomate (ketchup)

15 ml / 1 cucharada de salsa de soja

15 ml / 1 cucharada de azúcar

15 ml / 1 cucharada de harina de maíz (almidón de maíz)

60 ml / 4 cucharadas de agua

Calentar el aceite y freír los langostinos durante 1 minuto si están cocidos o hasta que estén rosados si están crudos. Agrega la cebolleta, el jengibre, la sal y el vino o jerez y saltea durante 1 minuto. Agrega la salsa de tomate, la salsa de soja y el azúcar y sofríe durante 1 minuto. Combine la harina de maíz y el agua en una cacerola y revuelva hasta que la salsa esté clara y espesa.

Camarón frito

para 4 personas

75 g / 3 oz / ¬ º taza colmada de harina de maíz (maicena)

1 clara de huevo

5 ml / 1 cucharadita de vino de arroz o jerez seco

sal

350 g de gambas peladas

Freír en aceite

Batir la harina de maíz, las claras de huevo, el vino o jerez y una pizca de sal hasta formar una masa espesa. Sumerge los camarones en la masa hasta que estén bien cubiertos. Calentar el aceite y freír los camarones hasta que estén dorados en unos minutos. Retirar del aceite, calentar hasta que esté caliente y volver a sofreír las gambas hasta que estén crujientes y doradas.

tempura de gambas

para 4 personas

450 g / 1 libra de camarones pelados
30 ml / 2 cucharadas de harina para todo uso
30 ml / 2 cucharadas de harina de maíz (almidón de maíz)
30 ml / 2 cucharadas de agua
2 huevos batidos
Freír en aceite

Corta los camarones en el centro del arco interior y extiéndelos formando una mariposa. Mezcle la harina, la maicena y el agua hasta formar una masa, luego agregue los huevos. Calentar el aceite y freír los camarones hasta que estén dorados.

Chicle

para 4 personas

30 ml / 2 cucharadas de aceite de maní
2 cebolletas (cebolletas), finamente picadas
1 diente de ajo machacado
1 rodaja de raíz de jengibre, picada
100 g de pechuga de pollo cortada en tiras
100 g de jamón cortado en tiras
100 g de brotes de bambú, cortados en tiras
100 g de castañas de agua cortadas en tiras
225 g de gambas peladas
30 ml / 2 cucharadas de salsa de soja
30 ml / 2 cucharadas de vino de arroz o jerez seco
5 ml / 1 cucharadita de sal
5 ml / 1 cucharadita de azúcar
5 ml / 1 cucharadita de harina de maíz (almidón de maíz)

Calentar el aceite y sofreír las cebolletas, el ajo y el jengibre hasta que estén dorados. Agrega el pollo y sofríe por 1 minuto. Añade el jamón, los brotes de bambú y las castañas de agua y sofríe durante 3 minutos. Agrega los camarones y sofríe por 1 minuto. Agrega la salsa de soja, el vino o jerez, la sal y el azúcar y sofríe durante 2 minutos. Mezclar la harina de maíz con un poco de agua, verterla en la sartén y cocinar, revolviendo, durante 2 minutos a fuego lento.

Camarones Con Tofu

para 4 personas

45 ml / 3 cucharadas de aceite de maní (maní)

225 g de tofu cortado en cubitos

1 cebolleta (cebolleta), finamente picada

1 diente de ajo machacado

15 ml / 1 cucharada de salsa de soja

5 ml / 1 cucharadita de azúcar

90 ml / 6 cucharadas de jugo de pescado

225 g de gambas peladas

15 ml / 1 cucharada de harina de maíz (almidón de maíz)

45 ml / 3 cucharadas de agua

Calentar la mitad del aceite y freír el tofu hasta que esté dorado, luego retirar de la sartén. Calentar el aceite restante y sofreír la cebolleta y el ajo hasta que estén dorados. Agrega la salsa de soja, el azúcar y el caldo y deja hervir. Agrega los camarones y revuelve a fuego lento durante 3 minutos. Mezclar la harina de maíz y el agua hasta formar una pasta, mezclar en la sartén y cocinar a fuego lento, revolviendo, hasta que la salsa espese. Regrese el tofu a la sartén y cocine a fuego lento.

Gambas Con Tomate

para 4 personas

2 claras de huevo

30 ml / 2 cucharadas de harina de maíz (almidón de maíz)

5 ml / 1 cucharadita de sal

450 g / 1 libra de camarones pelados

Freír en aceite

30 ml / 2 cucharadas de vino de arroz o jerez seco

225 g de tomates pelados, sin corazón y picados

Mezclar las claras, la maicena y la sal. Agrega los camarones hasta que estén bien cubiertos. Calentar el aceite y freír los camarones hasta que estén cocidos. Vierta todo menos 15 ml / 1 cucharada de aceite y caliente. Agrega el vino o jerez y los tomates y deja hervir. Agrega los camarones y recaliéntalos rápidamente antes de servir.

Camarones con salsa de tomate

para 4 personas

30 ml / 2 cucharadas de aceite de maní

1 diente de ajo machacado

2 rodajas de raíz de jengibre, picada

2,5 ml / ½ cucharadita de sal

15 ml / 1 cucharada de vino de arroz o jerez seco

15 ml / 1 cucharada de salsa de soja

6 ml / 4 cucharadas de salsa de tomate (ketchup)

120 ml / 4 fl oz / ½ taza de caldo de pescado

350 g de gambas peladas

10 ml / 2 cucharaditas de harina de maíz (almidón de maíz)

30 ml / 2 cucharadas de agua

Calentar el aceite y sofreír el ajo, el jengibre y la sal durante 2 minutos. Agrega el vino o jerez, la salsa de soja, la salsa de tomate y el caldo y deja hervir. Agrega los camarones, tapa y cocina a fuego lento durante 2 minutos. Mezcle la harina de maíz y el agua hasta formar una pasta, mezcle en la sartén y cocine a fuego lento, revolviendo, hasta que la salsa se aclare y espese.

Camarones con salsa de tomate y chile

para 4 personas

60 ml / 4 cucharadas de aceite de maní

15 ml / 1 cucharada de jengibre molido

15 ml / 1 cucharada de ajo picado

15 ml / 1 cucharada de cebollino picado

60 ml / 4 cucharadas de pasta de tomate (pasta)

15 ml / 1 cucharada de salsa de chile

450 g / 1 libra de camarones pelados

15 ml / 1 cucharada de harina de maíz (almidón de maíz)

15 ml / 1 cucharada de agua

Calentar el aceite y sofreír en él el jengibre, el ajo y la cebolleta durante 1 minuto. Agrega la pasta de tomate y la salsa picante y mezcla bien. Agrega los camarones y sofríe por 2 minutos. Mezcle la harina de maíz y el agua hasta formar una pasta, revuelva en la sartén y cocine a fuego lento hasta que la salsa espese. Servir inmediatamente.

Camarones fritos con salsa de tomate

para 4 personas

50 g / 2 oz / ¬Ω taza de harina para todo uso

2,5 ml / ¬Ω cucharadita de sal

1 huevo, ligeramente batido

30 ml / 2 cucharadas de agua

450 g / 1 libra de camarones pelados

Freír en aceite

30 ml / 2 cucharadas de aceite de maní

1 cebolla finamente picada

2 rodajas de raíz de jengibre, picada

75 ml / 5 cucharadas de salsa de tomate (ketchup)

10 ml / 2 cucharaditas de harina de maíz (almidón de maíz)

30 ml / 2 cucharadas de agua

Mezclar la harina, la sal, el huevo y el agua hasta que esté espumoso, si es necesario añadir un poco más de agua. Mezclar con los camarones hasta que estén bien cubiertos. Calentar el aceite y freír los camarones hasta que estén crujientes y dorados en unos minutos. Escurrir sobre papel absorbente.

Mientras tanto, calienta el aceite y sofríe la cebolla y el jengibre hasta que estén tiernos. Agrega la salsa de tomate y cocina a fuego lento durante 3 minutos. Mezclar la harina de maíz y el agua hasta formar una pasta, mezclar en la sartén y cocinar a fuego lento, revolviendo, hasta que la salsa espese. Agrega los camarones a la sartén y cocina a fuego lento hasta que estén bien calientes. Servir inmediatamente.

Gambas con verduras

para 4 personas

15 ml / 1 cucharada de aceite de maní

225 g / 8 oz de floretes de brócoli

225 gramos de champiñones

225 g / 8 oz de brotes de bambú, rebanados

450 g / 1 libra de camarones pelados

120 ml / 4 fl oz / ¬Ω taza de sopa de pollo

5 ml / 1 cucharadita de harina de maíz (almidón de maíz)

5 ml / 1 cucharadita de salsa de ostras

2,5 ml / ¬Ω cucharadita de azúcar

2,5 ml / ¬Ω cucharadita de raíz de jengibre rallada

pizca de pimienta recién molida

Calentar el aceite y sofreír el brócoli durante 1 minuto. Añade las setas y los brotes de bambú y sofríe durante 2 minutos. Agrega los camarones y sofríe por 2 minutos. Mezcla los demás ingredientes y sazona con la mezcla de camarones. Llevar a ebullición, revolviendo, luego cocinar durante 1 minuto, revolviendo constantemente.

Gambas con castañas de agua

para 4 personas

60 ml / 4 cucharadas de aceite de maní
1 diente de ajo picado
1 rodaja de raíz de jengibre, picada
450 g / 1 libra de camarones pelados
30 ml / 2 cucharadas de vino de arroz o jerez seco 225 g / 8 oz de castañas de agua, en rodajas
30 ml / 2 cucharadas de salsa de soja
15 ml / 1 cucharada de harina de maíz (almidón de maíz)
45 ml / 3 cucharadas de agua

Calentar el aceite y sofreír el ajo y el jengibre hasta que estén dorados. Agrega los camarones y sofríe por 1 minuto. Agrega el vino o jerez y mezcla bien. Añade las castañas de agua y sofríe durante 5 minutos. Agrega los demás ingredientes y sofríe por 2 minutos.

wonton de camarones

para 4 personas

450 g de gambas peladas y cortadas en trozos pequeños

225 g de vegetales mixtos, picados

15 ml / 1 cucharada de salsa de soja

2,5 ml / ¬Ω cucharadita de sal

unas gotas de aceite de sésamo

40 pieles de wonton

Freír en aceite

Mezcla los camarones, las verduras, la salsa de soja, la sal y el aceite de sésamo.

Para doblar los wontons, sostén la piel en tu palma izquierda y coloca un poco de relleno en el medio. Pincelamos los bordes con huevo y doblamos la piel formando un triángulo, sellando los bordes. Humedecer las esquinas con huevo y girar.

Calentar el aceite y freír los wonton uno a uno hasta que estén dorados. Escurrir bien antes de servir.

Abulón con pollo

para 4 personas

400 g de abulón enlatado
30 ml / 2 cucharadas de aceite de maní
100 g de pechuga de pollo cortada en cubos
100 g de brotes de bambú, en rodajas
250 ml / 8 fl oz / 1 taza de caldo de pescado
15 ml / 1 cucharada de vino de arroz o jerez seco
5 ml / 1 cucharadita de azúcar
2,5 ml / ½ cucharadita de sal
15 ml / 1 cucharada de harina de maíz (almidón de maíz)
45 ml / 3 cucharadas de agua

Escurrir y cortar el abalón en rodajas, guardando el jugo. Calentar el aceite y freír el pollo hasta que esté suave. Añade el abulón y los brotes de bambú y sofríe durante 1 minuto. Añade el líquido de abulón, el caldo, el vino o jerez, el azúcar y la sal, lleva a ebullición y cocina a fuego lento durante 2 minutos. Mezcle la harina de maíz y el agua hasta formar una pasta y cocine a fuego lento, revolviendo, hasta que la salsa se aclare y espese. Servir inmediatamente.

Abulón con espárragos

para 4 personas

10 champiñones chinos secos

30 ml / 2 cucharadas de aceite de maní

15 ml / 1 cucharada de agua

225 g de espárragos

2,5 ml / ¬Ω cucharadita de salsa de pescado

15 ml / 1 cucharada de harina de maíz (almidón de maíz)

225 g / 8 oz de abulón enlatado, en rodajas

60 ml / 4 cucharadas de caldo

¬Ω zanahoria pequeña, en rodajas

5 ml / 1 cucharadita de salsa de soja

5 ml / 1 cucharadita de salsa de ostras

5 ml / 1 cucharadita de vino de arroz o jerez seco

Remojar los champiñones en agua tibia durante 30 minutos y luego filtrar. Deseche los tallos. Calentar 15 ml/1 cucharada de aceite con agua y sofreír los champiñones durante 10 minutos. Mientras tanto, cuece los espárragos en agua hirviendo hasta que estén tiernos con la salsa de pescado y 5 ml/1 cucharadita de harina de maíz. Escurrir bien y colocar en un recipiente caliente con los champiñones. Mantenlos calientes. Calentar el aceite restante y sofreír el abulón unos segundos, luego añadir el caldo, la zanahoria, la salsa de soja, la salsa de ostras, el vino o jerez y el resto de la maicena. Cocine durante unos 5 minutos hasta que esté cocido, luego vierta sobre los espárragos y sirva.

Abulón con champiñones

para 4 personas

6 champiñones chinos secos
400 g de abulón enlatado
45 ml / 3 cucharadas de aceite de maní (maní)
2,5 ml / ¬Ω cucharadita de sal
15 ml / 1 cucharada de vino de arroz o jerez seco
3 cebolletas (cebolletas), cortadas en rodajas gruesas

Remojar los champiñones en agua tibia durante 30 minutos y luego filtrar. Retire los tallos y corte la parte superior. Escurrir y cortar el abalón en rodajas, guardando el jugo. Calentar el aceite y sofreír la sal y los champiñones durante 2 minutos. Agrega el líquido de abulón y el jerez, lleva a ebullición, tapa y cocina a fuego lento durante 3 minutos. Agregue el abulón y las cebolletas y saltee hasta que estén bien calientes. Servir inmediatamente.

Abulón con salsa de ostras

para 4 personas

400 g de abulón enlatado
15 ml / 1 cucharada de harina de maíz (almidón de maíz)
15 ml / 1 cucharada de salsa de soja
45 ml / 3 cucharadas de salsa de ostras
30 ml / 2 cucharadas de aceite de maní
50 g de jamón ahumado picado

Escurrir la lata de abulón reservando 90 ml / 6 cucharadas de líquido. Mezclar con la harina de maíz, la salsa de soja y la salsa de ostras. Calentar el aceite y sofreír los abulones escurridos durante 1 minuto. Agregue la mezcla de salsa y cocine a fuego lento, revolviendo, hasta que esté caliente, aproximadamente 1 minuto. Colocar en un recipiente caliente y servir adornado con jamón.

almejas al vapor

para 4 personas

24 conchas

Frote bien los mejillones y luego sumérjalos en agua salada durante unas horas. Enjuague con agua corriente y colóquelo en un recipiente poco profundo. Colóquelas sobre una rejilla en una vaporera, cubra y cocine al vapor sobre agua hirviendo durante unos 10 minutos, hasta que todas las almejas se hayan abierto. Descartar las que queden cerradas. Servir con salsas.

Mejillones con brotes de soja

para 4 personas

24 conchas

15 ml / 1 cucharada de aceite de maní

150 g de brotes de soja

1 pimiento verde cortado en tiras

2 cebolletas (cebolletas), finamente picadas

15 ml / 1 cucharada de vino de arroz o jerez seco

sal y pimienta recién molida

2,5 ml / ¬Ω cucharadita de aceite de sésamo

50 g de jamón ahumado picado

Frote bien los mejillones y luego sumérjalos en agua salada durante unas horas. Enjuague con agua corriente. Hervir una olla con agua, añadir los mejillones y cocinar a fuego lento unos minutos hasta que se abran. Escurrir y desechar los que queden cerrados. Retire las almejas de las conchas.

Calentar el aceite y sofreír los brotes de soja durante 1 minuto. Añade el pimentón y la cebolleta y sofríe durante 2 minutos. Agrega el vino o jerez y sazona con sal y pimienta. Caliente, luego agregue las almejas y revuelva hasta que estén bien mezcladas y calientes. Colocar en un bol caliente y servir espolvoreado con aceite de sésamo y jamón.

Mejillones con jengibre y ajo

para 4 personas

24 conchas

15 ml / 1 cucharada de aceite de maní

2 rodajas de raíz de jengibre, picada

2 dientes de ajo, picados

15 ml / 1 cucharada de agua

5 ml / 1 cucharadita de aceite de sésamo

sal y pimienta recién molida

Frote bien los mejillones y luego sumérjalos en agua salada durante unas horas. Enjuague con agua corriente. Calentar el aceite y sofreír el jengibre y el ajo durante 30 segundos. Agrega las almejas, el agua y el aceite de sésamo, tapa y cocina durante unos 5 minutos hasta que las almejas se abran. Descartar las que queden cerradas. Sazone ligeramente con sal y pimienta y sirva inmediatamente.

Almejas fritas

para 4 personas

24 conchas

60 ml / 4 cucharadas de aceite de maní

4 dientes de ajo, picados

1 cebolla finamente picada

2,5 ml / ¬Ω cucharadita de sal

Frote bien los mejillones y luego sumérjalos en agua salada durante unas horas. Enjuague con agua corriente y seque. Calentar el aceite y sofreír el ajo, la cebolla y la sal hasta que estén tiernos. Añade las almejas, tapa y cocina a fuego lento durante unos 5 minutos hasta que se abran todas las conchas. Descartar las que queden cerradas. Freír 1 minuto más a fuego lento, espolvoreado con aceite.

pasteles de cangrejo

para 4 personas

225 g / 8 oz de brotes de frijol
60 ml / 4 cucharadas de aceite de maní 100 g / 4 oz de brotes de bambú, cortados en tiras
1 cebolla finamente picada
225 g de carne de cangrejo, en hojuelas
4 huevos, ligeramente batidos
15 ml / 1 cucharada de harina de maíz (almidón de maíz)
30 ml / 2 cucharadas de salsa de soja
sal y pimienta recién molida

Blanquear los brotes de soja en agua hirviendo durante 4 minutos y luego colar. Calentar la mitad del aceite y sofreír los brotes de soja, el brote de bambú y la cebolla hasta que estén tiernos. Retirar del fuego y mezclar con el resto de los ingredientes excepto el aceite. Calentar el aceite restante en una sartén limpia y freír la cucharada de mezcla de carne de cangrejo en pequeñas tortas. Freír ambos lados hasta que estén dorados y servir inmediatamente.

crema de cangrejo

para 4 personas

225 g de carne de cangrejo
5 huevos batidos
1 cebolleta (cebolletas) picada
250 ml / 8 fl oz / 1 taza de agua
5 ml / 1 cucharadita de sal
5 ml / 1 cucharadita de aceite de sésamo

Mezcla todos los ingredientes bien. Coloque en un recipiente, cubra y coloque a baño maría sobre agua caliente o sobre una rejilla para vaporera. Cocine a fuego lento durante unos 35 minutos hasta que esté cremoso, revolviendo ocasionalmente. Servir con arroz.

Carne de cangrejo de hoja chino

para 4 personas

450 g / 1 lb de hojas chinas ralladas
45 ml / 3 cucharadas de aceite vegetal
2 cebolletas (cebolletas), finamente picadas
225 g de carne de cangrejo
15 ml / 1 cucharada de salsa de soja
15 ml / 1 cucharada de vino de arroz o jerez seco
5 ml / 1 cucharadita de sal

Blanquear las hojas chinas en agua hirviendo durante 2 minutos, luego escurrir bien y enjuagar con agua fría. Calentar el aceite y sofreír la cebolleta hasta que esté dorada. Agrega la carne de cangrejo y sofríe por 2 minutos. Agrega las hojas chinas y sofríe por 4 minutos. Añade la salsa de soja, el vino o jerez y la sal y mezcla bien. Agregue el caldo y la harina de maíz, deje hervir y cocine a fuego lento, revolviendo, durante 2 minutos, hasta que la salsa se aclare y espese.

Cangrejo Foo Yung con brotes de soja

para 4 personas

6 huevos batidos

45 ml / 3 cucharadas de harina de maíz (almidón de maíz)

225 g de carne de cangrejo

100 g de brotes de soja

2 cebolletas (cebolletas), finamente picadas

2,5 ml / ¬Ω cucharadita de sal

45 ml / 3 cucharadas de aceite de maní (maní)

Batir el huevo, luego agregar la harina de maíz. Mezclar el resto de los ingredientes excepto el aceite. Calentar el aceite y verter la mezcla en la sartén poco a poco para hacer pequeñas tortitas de unos 7,5 cm de ancho. Freír el fondo hasta que se dore, luego darle la vuelta y freír el otro lado hasta que se dore.

Cangrejo de jengibre

para 4 personas

15 ml / 1 cucharada de aceite de maní
2 rodajas de raíz de jengibre, picada
4 cebolletas (cebolletas), finamente picadas
3 dientes de ajo, picados
1 pimiento rojo picado
350 g de carne de cangrejo, en hojuelas
2,5 ml / ¬Ω cucharadita de pasta de pescado
2,5 ml / ¬Ω cucharadita de aceite de sésamo
15 ml / 1 cucharada de vino de arroz o jerez seco
5 ml / 1 cucharadita de harina de maíz (almidón de maíz)
15 ml / 1 cucharada de agua

Calentar el aceite y sofreír el jengibre, la cebolleta, el ajo y el chile durante 2 minutos. Agrega la carne de cangrejo y revuelve hasta que esté bien cubierta con las especias. Agrega la pasta de pescado. Licúa el resto de los ingredientes hasta obtener una pasta, luego échalos a la sartén y fríelos por 1 minuto. Servir inmediatamente.

Cangrejo Lo Mein

para 4 personas

100 g de brotes de soja
30 ml / 2 cucharadas de aceite de maní
5 ml / 1 cucharadita de sal
1 cebolla finamente picada
100 g de champiñones, en rodajas
225 g de carne de cangrejo, en hojuelas
100 g de brotes de bambú, en rodajas
pasta tostada
30 ml / 2 cucharadas de salsa de soja
5 ml / 1 cucharadita de azúcar
5 ml / 1 cucharadita de aceite de sésamo
sal y pimienta recién molida

Blanquear los brotes de soja en agua hirviendo durante 5 minutos y luego colar. Calentar el aceite y sofreír la sal y la cebolla hasta que estén blandas. Agrega los champiñones y saltea hasta que estén tiernos. Agrega la carne de cangrejo y sofríe por 2 minutos. Agrega los brotes de soja y los brotes de bambú y sofríe durante 1 minuto. Agrega la pasta escurrida a la sartén y tuesta suavemente. Mezclar la salsa de soja, el azúcar y el aceite de sésamo, sazonar con sal y pimienta. Revuelva hasta que esté caliente en la sartén.

Cangrejo frito con cerdo

para 4 personas

30 ml / 2 cucharadas de aceite de maní

100 g de carne de cerdo picada (picada)

350 g de carne de cangrejo, en hojuelas

2 rodajas de raíz de jengibre, picada

2 huevos, ligeramente batidos

15 ml / 1 cucharada de salsa de soja

15 ml / 1 cucharada de vino de arroz o jerez seco

30 ml / 2 cucharadas de agua

sal y pimienta recién molida

4 cebolletas (cebolletas), cortadas en tiras

Calentar el aceite y sofreír el cerdo hasta que esté tierno. Agrega la carne de cangrejo y el jengibre y sofríe durante 1 minuto. Agrega los huevos. Agrega la salsa de soja, el vino o jerez, el agua, la sal y la pimienta y sofríe durante unos 4 minutos. Sirva adornado con cebollino.

Carne de cangrejo frita

para 4 personas

30 ml / 2 cucharadas de aceite de maní
450 g / 1 libra de carne de cangrejo, desmenuzada
2 cebolletas (cebolletas), finamente picadas
2 rodajas de raíz de jengibre, picada
30 ml / 2 cucharadas de salsa de soja
30 ml / 2 cucharadas de vino de arroz o jerez seco
2,5 ml / ¬Ω cucharadita de sal
15 ml / 1 cucharada de harina de maíz (almidón de maíz)
60 ml / 4 cucharadas de agua

Calentar el aceite y sofreír la carne de cangrejo, la cebolleta y el jengibre durante 1 minuto. Agrega la salsa de soja, el vino o jerez y la sal, tapa y cocina a fuego lento durante 3 minutos. Mezclar la harina de maíz y el agua hasta formar una pasta, mezclar en la sartén y continuar mezclando hasta que la salsa esté clara y espesa.

bolas de calamar fritas

para 4 personas

450 g / 1 libra de calamares
50 g de manteca de cerdo picada
1 clara de huevo
2,5 ml / ¬Ω cucharadita de azúcar
2,5 ml / ¬Ω cucharadita de maicena (maicena)
sal y pimienta recién molida
Freír en aceite

Cortar los calamares y picarlos o hacerlos puré. Mezclar con la grasa, la clara de huevo, el azúcar y la maicena, luego sazonar con sal y pimienta. Presione la mezcla en bolas. Calentar el aceite y sofreír las bolas de calamar, si es necesario, por partes, hasta que floten hacia la superficie y se doren. Escurrir bien y servir inmediatamente.

langosta cantonesa

para 4 personas

2 langostas

30 ml / 2 cucharadas de aceite

15 ml / 1 cucharada de salsa de frijoles negros

1 diente de ajo machacado

1 cebolla finamente picada

225 g de carne de cerdo picada (picada)

45 ml / 3 cucharadas de salsa de soja

5 ml / 1 cucharadita de azúcar

sal y pimienta recién molida

15 ml / 1 cucharada de harina de maíz (almidón de maíz)

75 ml / 5 cucharadas de agua

1 huevo batido

Cortar las langostas en trozos, quitarles la carne y cortarlas en dados de 2,5 cm. Calienta el aceite y sofríe la salsa de frijoles negros, el ajo y la cebolla hasta que estén dorados. Agrega la carne de cerdo y sofríe hasta que esté dorada. Agregue la salsa de soja, el azúcar, la sal, la pimienta y la langosta, cubra y cocine a fuego lento durante unos 10 minutos. Mezcle la harina de maíz y el agua hasta formar una pasta, mezcle en la sartén y cocine a fuego lento, revolviendo, hasta que la salsa se aclare y espese. Antes de servir, apaga el fuego y añade el huevo.

langosta frita

para 4 personas

450 g de carne de langosta
30 ml / 2 cucharadas de salsa de soja
5 ml / 1 cucharadita de azúcar
1 huevo batido
30 ml / 3 cucharadas de harina para todo uso
Freír en aceite

Cortar la carne de bogavante en dados de 2,5 cm y mezclar con la salsa de soja y el azúcar. Dejar reposar 15 minutos y luego filtrar. Mezcle el huevo y la harina, luego agregue la langosta y mezcle bien para cubrir. Calentar el aceite y sofreír el bogavante hasta que esté dorado. Escurrir sobre papel de cocina antes de servir.

Langosta al vapor con jamón

para 4 personas

4 huevos, ligeramente batidos
60 ml / 4 cucharadas de agua
5 ml / 1 cucharadita de sal
15 ml / 1 cucharada de salsa de soja
450 g / 1 libra de carne de langosta, desmenuzada
15 ml / 1 cucharada de jamón ahumado picado
15 ml / 1 cucharada de perejil fresco picado

Batir los huevos con agua, sal y salsa de soja. Vierta en una fuente refractaria y espolvoree con la carne de langosta. Coloca el bol sobre una rejilla en una vaporera, tapa y cocina al vapor durante 20 minutos hasta que el huevo se endurezca. Servir adornado con jamón y perejil.

Langosta con champiñones

para 4 personas

450 g de carne de langosta

15 ml / 1 cucharada de harina de maíz (almidón de maíz)

60 ml / 4 cucharadas de agua

30 ml / 2 cucharadas de aceite de maní

4 cebolletas (cebolletas), cortadas en rodajas gruesas

100 g de champiñones, en rodajas

2,5 ml / ¬Ω cucharadita de sal

1 diente de ajo machacado

30 ml / 2 cucharadas de salsa de soja

15 ml / 1 cucharada de vino de arroz o jerez seco

Cortar la carne de bogavante en dados de 2,5 cm. Mezcle la harina de maíz y el agua hasta obtener una pasta y agregue los cubos de langosta a la mezcla para cubrirlos. Calentar la mitad del aceite y sofreír los dados de langosta hasta que estén ligeramente dorados, retirar de la sartén. Calentar el aceite restante y sofreír la cebolleta hasta que esté dorada. Agrega los champiñones y sofríe durante 3 minutos. Agrega la sal, el ajo, la salsa de soja y el vino o jerez y sofríe durante 2 minutos. Regrese la langosta a la sartén y cocine a fuego lento hasta que esté completamente caliente.

Cola de langosta con cerdo

para 4 personas

3 champiñones chinos secos

4 colas de langosta

60 ml / 4 cucharadas de aceite de maní

100 g de carne de cerdo picada (picada)

50 g de castañas de agua, finamente picadas

sal y pimienta recién molida

2 dientes de ajo, picados

45 ml / 3 cucharadas de salsa de soja

30 ml / 2 cucharadas de vino de arroz o jerez seco

30 ml / 2 cucharadas de salsa de frijoles negros

10 ml / 2 cucharadas de harina de maíz (almidón de maíz)

120 ml / 4 fl oz / ¬Ω taza de agua

Remojar los champiñones en agua tibia durante 30 minutos y luego filtrar. Deseche los tallos y corte la parte superior. Corta la cola de langosta por la mitad a lo largo. Retire la carne de las colas de langosta, reservando las cáscaras. Calentar la mitad del aceite y sofreír el cerdo hasta que esté pálido. Retirar del fuego y agregar los champiñones, la carne de langosta, las castañas de agua, la sal y la pimienta. Regrese la carne al caparazón de la langosta y colóquela en una sartén. Colocar sobre una rejilla en la vaporera, tapar y cocinar al vapor durante aprox. 20 minutos hasta que se doren. Mientras tanto, calentar el aceite restante y sofreír el ajo, la salsa de soja, el vino o jerez y la salsa de frijoles negros durante 2 minutos. Mezclar la harina de maíz y el agua hasta formar una pasta, echarla en una cacerola y cocinar a fuego lento, revolviendo, hasta que la salsa espese. Coloque la langosta en un plato caliente, vierta sobre la salsa y sirva inmediatamente.

langosta frita

para 4 personas

450 g / 1 libra de cola de langosta

30 ml / 2 cucharadas de aceite de maní

1 diente de ajo machacado

2,5 ml / ¬Ω cucharadita de sal

350 g de brotes de soja

50 gramos de champiñones

4 cebolletas (cebolletas), cortadas en rodajas gruesas

150 ml / ¬° pt / generosa ¬Ω taza de caldo de pollo

15 ml / 1 cucharada de harina de maíz (almidón de maíz)

Hervir una olla con agua, agregar las colas de langosta y dejar hervir por 1 minuto. Escurrir, enfriar, quitar la piel y cortar en rodajas gruesas. Calentar el aceite con el ajo y la sal y sofreír hasta que el ajo esté ligeramente dorado. Añade el bogavante y sofríe durante 1 minuto. Agrega los brotes de soja y los champiñones y sofríe durante 1 minuto. Agrega las cebolletas. Añade la mayor parte del caldo, deja hervir, tapa y cocina a fuego lento durante 3 minutos. Mezclar la harina de maíz con el caldo restante, mezclar en la sartén y revolver hasta que la salsa esté clara y espesa.

nidos de langosta

para 4 personas

30 ml / 2 cucharadas de aceite de maní
5 ml / 1 cucharadita de sal
1 cebolla, finamente picada
100 g de champiñones, en rodajas
100 g de brotes de bambú, en rodajas 225 g / 8 oz de carne de langosta cocida
15 ml / 1 cucharada de vino de arroz o jerez seco
120 ml / 4 fl oz / ¬Ω taza de sopa de pollo
pizca de pimienta recién molida
10 ml / 2 cucharaditas de harina de maíz (almidón de maíz)
15 ml / 1 cucharada de agua
4 cestas de pasta

Calentar el aceite y sofreír la sal y la cebolla hasta que estén blandas. Añade las setas y los brotes de bambú y sofríe durante 2 minutos. Añade la carne de langosta, el vino o jerez y el caldo, lleva a ebullición, tapa y cocina a fuego lento durante 2 minutos. Sazone con pimienta. Mezclar la harina de maíz y el agua hasta formar una pasta, mezclar en la sartén y cocinar a fuego lento, revolviendo, hasta que la salsa espese. Colocar el nido de pasta en un plato caliente y decorar con la langosta frita.

Mejillones en salsa de judías negras

para 4 personas

45 ml / 3 cucharadas de aceite de maní (maní)
2 dientes de ajo, picados
2 rodajas de raíz de jengibre, picada
30 ml / 2 cucharadas de salsa de frijoles negros
15 ml / 1 cucharada de salsa de soja
1,5 kg / 3 lbs de almejas lavadas y desvenadas
2 cebolletas (cebolletas), finamente picadas

Calentar el aceite y sofreír el ajo y el jengibre durante 30 segundos. Agrega la salsa de frijoles negros y la salsa de soja y sofríe durante 10 segundos. Agrega las almejas, tapa y cocina por unos 6 minutos, hasta que las almejas se abran. Descartar las que queden cerradas. Colóquelo en un recipiente tibio y sirva espolvoreado con cebollino.

Mejillones con jengibre

para 4 personas

45 ml / 3 cucharadas de aceite de maní (maní)
2 dientes de ajo, picados
4 rodajas de raíz de jengibre, picada
1,5 kg / 3 lbs de almejas lavadas y desvenadas
45 ml / 3 cucharadas de agua
15 ml / 1 cucharada de salsa de ostras

Calentar el aceite y sofreír el ajo y el jengibre durante 30 segundos. Agrega las almejas y el agua, tapa y cocina por unos 6 minutos, hasta que las almejas se abran. Descartar las que queden cerradas. Colóquelo en un recipiente caliente y sirva rociado con salsa de ostras.

Mejillones al vapor

para 4 personas

1,5 kg / 3 lbs de almejas lavadas y desvenadas
45 ml / 3 cucharadas de salsa de soja
3 cebolletas (cebolletas), finamente picadas

Coloca las almejas en la parrilla, en una vaporera, tapa y cocina al vapor en agua hirviendo durante unos 10 minutos, hasta que todas las almejas se hayan abierto. Descartar las que queden cerradas. Colóquelo en un tazón tibio y sirva espolvoreado con salsa de soja y cebolletas.

ostras fritas

para 4 personas

24 ostras con concha

sal y pimienta recién molida

1 huevo batido

50 g / 2 oz / ¬Ω taza de harina para todo uso

250 ml / 8 fl oz / 1 taza de agua

Freír en aceite

4 cebolletas (cebolletas), finamente picadas

Espolvorea las ostras con sal y pimienta. Batir el huevo con la harina y el agua y utilizarlo para rebozar las ostras. Calentar el aceite y sofreír las ostras hasta que estén doradas. Escurrir sobre papel de cocina y servir adornado con cebolletas.

Ostras con tocino

para 4 personas

175 gramos de tocino

24 ostras con concha

1 huevo, ligeramente batido

15 ml / 1 cucharada de agua

45 ml / 3 cucharadas de aceite de maní (maní)

2 cebollas finamente picadas

15 ml / 1 cucharada de harina de maíz (almidón de maíz)

15 ml / 1 cucharada de salsa de soja

90 ml / 6 cucharadas de caldo de pollo

Corta el tocino en trozos y envuelve un trozo alrededor de cada ostra. Batir el huevo con el agua y luego sumergirlo en la ostra para cubrirlo. Calentar la mitad del aceite y sofreír las ostras hasta que estén doradas por ambos lados, luego retirarlas de la sartén y escurrir la grasa. Calentar el aceite restante y sofreír la cebolla hasta que esté blanda. Mezcle la harina de maíz, la salsa de soja y el caldo hasta obtener una pasta, viértalo en la sartén y cocine a fuego lento, revolviendo, hasta que la salsa se aclare y espese. Vierta sobre las ostras y sirva inmediatamente.

Ostras fritas con jengibre

para 4 personas

24 ostras con concha
2 rodajas de raíz de jengibre, picada
30 ml / 2 cucharadas de salsa de soja
15 ml / 1 cucharada de vino de arroz o jerez seco
4 cebolletas (cebolletas), cortadas en tiras
100 gramos de tocino
1 huevo
50 g / 2 oz / ¬Ω taza de harina para todo uso
sal y pimienta recién molida
Freír en aceite
1 limón cortado en rodajas

Coloque las ostras en un bol con el jengibre, la salsa de soja y el vino o jerez y revuelva bien para cubrirlas. Dejar reposar durante 30 minutos. Coloque unas tiras de cebolleta encima de cada ostra. Corta el tocino en trozos y envuelve un trozo alrededor de cada ostra. Batir el huevo y la harina hasta formar una masa, luego sazonar con sal y pimienta. Sumerge las ostras en la masa hasta que estén bien cubiertas. Calentar el aceite y sofreír las ostras hasta que estén doradas. Sirva adornado con rodajas de limón.

Ostras con salsa de frijoles negros

para 4 personas

350 g de ostras sin cáscara
120 ml / 4 fl oz / ¬Ω taza de aceite de maní (maní)
2 dientes de ajo, picados
3 cebollines (cebolletas), en rodajas
15 ml / 1 cucharada de salsa de frijoles negros
30 ml / 2 cucharadas de salsa de soja oscura
15 ml / 1 cucharada de aceite de sésamo
una pizca de chile en polvo

Blanquear las ostras en agua hirviendo durante 30 segundos y luego escurrirlas. Calentar el aceite y sofreír el ajo y la cebolleta durante 30 segundos. Agrega la salsa de frijoles negros, la salsa de soja, el aceite de sésamo y las ostras y sazona con chile en polvo al gusto. Cocine a fuego lento muy caliente y sirva inmediatamente.

Vieiras con brotes de bambú

para 4 personas

60 ml / 4 cucharadas de aceite de maní
6 cebolletas (cebolletas), finamente picadas
225 g de champiñones en cuartos
15 ml / 1 cucharada de azúcar
450 g / 1 libra de almejas sin cáscara
2 rodajas de raíz de jengibre, picada
225 g / 8 oz de brotes de bambú, rebanados
sal y pimienta recién molida
300 ml / ¬Ω pt / 1 ¬º taza de agua
30 ml / 2 cucharadas de vinagre de vino
30 ml / 2 cucharadas de harina de maíz (almidón de maíz)
150 ml / ¬º pt / generosa ¬Ω taza de agua
45 ml / 3 cucharadas de salsa de soja

Calentar el aceite y sofreír las cebolletas y los champiñones durante 2 minutos. Agrega el azúcar, las almejas, el jengibre, el brote de bambú, sal y pimienta, tapa y cocina por 5 minutos. Agrega el agua y el vinagre de vino, lleva a ebullición, tapa y cocina a fuego lento durante 5 minutos. Mezclar la harina de maíz y el agua hasta formar una pasta, mezclar en la sartén y cocinar a fuego lento, revolviendo, hasta que la salsa espese. Rocíe con salsa de soja y sirva.

vieiras con huevos

para 4 personas

45 ml / 3 cucharadas de aceite de maní (maní)
350 g de mejillones pelados
25 g de jamón ahumado picado
30 ml / 2 cucharadas de vino de arroz o jerez seco
5 ml / 1 cucharadita de azúcar
2,5 ml / ¬Ω cucharadita de sal
pizca de pimienta recién molida
2 huevos, ligeramente batidos
15 ml / 1 cucharada de salsa de soja

Calentar el aceite y sofreír los mejillones durante 30 segundos. Agrega el jamón y sofríe durante 1 minuto. Agrega el vino o jerez, el azúcar, la sal y la pimienta y sofríe durante 1 minuto. Agrega los huevos y revuelve suavemente a fuego alto hasta que los ingredientes estén bien cubiertos con el huevo. Sirva espolvoreado con salsa de soja.

Vieiras con brócoli

para 4 personas

350 g de mejillones en rodajas

3 rodajas de raíz de jengibre, picada

½ zanahoria pequeña, en rodajas

1 diente de ajo machacado

45 ml / 3 cucharadas de harina común (para todo uso)

2,5 ml / ½ cucharadita de bicarbonato de sodio (bicarbonato de sodio)

30 ml / 2 cucharadas de aceite de maní

15 ml / 1 cucharada de agua

1 plátano en rodajas

Freír en aceite

275 g de brócoli

sal

5 ml / 1 cucharadita de aceite de sésamo

2,5 ml / ½ cucharadita de salsa picante

2,5 ml / ½ cucharadita de vinagre de vino

2,5 ml / ½ cucharadita de pasta de tomate (pasta)

Mezclar las almejas con el jengibre, la zanahoria y el ajo y dejar reposar. Mezcle la harina, el bicarbonato de sodio, 15 ml / 1 cucharada de aceite y agua hasta formar una pasta y cubra las rodajas de plátano. Calentar el aceite y freír los plátanos hasta que estén dorados, luego escurrirlos y colocarlos en un plato caliente. Mientras tanto, cocine el brócoli en agua con sal hasta que esté suave y luego escúrralo. Calentar el aceite restante con el aceite de sésamo y sofreír brevemente el brócoli, luego rodearlo con los plátanos. Agregue la salsa de chile, el vinagre de vino y la pasta de tomate a la sartén y dore las vieiras hasta que estén cocidas. Vierta en un tazón para servir y sirva inmediatamente.

Vieiras con jengibre

para 4 personas

45 ml / 3 cucharadas de aceite de maní (maní)
2,5 ml / ¬Ω cucharadita de sal
3 rodajas de raíz de jengibre, picada
2 cebolletas (cebolletas), cortadas en rodajas gruesas
450 g de vieiras con cáscara, cortadas por la mitad
15 ml / 1 cucharada de harina de maíz (almidón de maíz)
60 ml / 4 cucharadas de agua

Calentar el aceite y sofreír la sal y el jengibre durante 30 segundos. Añade las cebolletas y sofríe hasta que estén ligeramente doradas. Agrega las vieiras y sofríe durante 3 minutos. Mezclar la harina de maíz y el agua hasta formar una pasta, agregarla a la sartén y cocinar, revolviendo, a fuego lento hasta que espese. Servir inmediatamente.

vieiras con jamón

para 4 personas

450 g de vieiras con cáscara, cortadas por la mitad
250 ml / 8 fl oz / 1 taza de vino de arroz o jerez seco
1 cebolla finamente picada
2 rodajas de raíz de jengibre, picada
2,5 ml / ¬Ω cucharadita de sal
100 g de jamón ahumado picado

Coloca las vieiras en un bol y añade el vino o jerez. Cubra y deje marinar durante 30 minutos, volteando ocasionalmente, luego escurra las vieiras y deseche la marinada. Disponer las vieiras con los demás ingredientes en una sartén. Coloque la sartén sobre una rejilla para vapor, cubra y cocine al vapor en agua hirviendo durante unos 6 minutos, hasta que las vieiras estén tiernas.

Huevos revueltos con vieiras y hierbas

para 4 personas

225 g de vieiras peladas
30 ml / 2 cucharadas de cilantro fresco picado
4 huevos batidos
15 ml / 1 cucharada de vino de arroz o jerez seco
sal y pimienta recién molida
15 ml / 1 cucharada de aceite de maní

Coloque las vieiras en una vaporera y cocine al vapor durante unos 3 minutos hasta que estén bien cocidas, dependiendo del tamaño. Retirar de la vaporera y espolvorear con cilantro. Batir los huevos con el vino o jerez y añadir sal y pimienta al gusto. Agrega las almejas y el cilantro. Calentar el aceite y sofreír la mezcla de huevo y vieiras, revolviendo constantemente, hasta que el huevo endurezca. Servir inmediatamente.

Mejillones y cebollas asadas

para 4 personas

45 ml / 3 cucharadas de aceite de maní (maní)
1 cebolla finamente picada
450 g de mejillones sin cáscara cortados en cuartos
sal y pimienta recién molida
15 ml / 1 cucharada de vino de arroz o jerez seco

Calentar el aceite y sofreír la cebolla hasta que esté blanda. Agrega las vieiras y sofríe hasta que estén doradas. Sazone con sal y pimienta, desglase con vino o jerez y sirva inmediatamente.

Vieiras con verduras

a 4'6

4 champiñones chinos secos
2 cebollas
30 ml / 2 cucharadas de aceite de maní
3 tallos de apio, cortados en diagonal
225 g de judías verdes, cortadas en diagonal
10 ml / 2 cucharaditas de raíz de jengibre rallada
1 diente de ajo machacado
20 ml / 4 cucharaditas de harina de maíz (almidón de maíz)
250 ml / 8 fl oz / 1 taza de caldo de pollo
30 ml / 2 cucharadas de vino de arroz o jerez seco
30 ml / 2 cucharadas de salsa de soja
450 g de mejillones sin cáscara cortados en cuartos
6 cebollines (cebolletas), en rodajas
425 g / 15 oz de mazorcas de maíz enlatadas

Remojar los champiñones en agua tibia durante 30 minutos y luego filtrar. Retire los tallos y corte la parte superior. Cortar la cebolla en aros, separar las capas. Calentar el aceite y sofreír la cebolla, el apio, los frijoles, el jengibre y el ajo durante 3 minutos. Mezclar la harina de maíz con un poco de caldo, luego mezclar con el resto del caldo, el vino o jerez y la salsa de soja.

Agregue al wok y deje hervir, revolviendo. Agrega los champiñones, las almejas, las cebolletas y el maíz y saltea durante unos 5 minutos hasta que las almejas estén tiernas.

Vieiras con pimentón

para 4 personas

30 ml / 2 cucharadas de aceite de maní
3 cebolletas (cebolletas), finamente picadas
1 diente de ajo machacado
2 rodajas de raíz de jengibre, picada
2 pimientos rojos cortados en cubitos
450 g / 1 libra de almejas sin cáscara
30 ml / 2 cucharadas de vino de arroz o jerez seco
15 ml / 1 cucharada de salsa de soja
15 ml / 1 cucharada de salsa de frijoles amarillos
5 ml / 1 cucharadita de azúcar
5 ml / 1 cucharadita de aceite de sésamo

Calentar el aceite y sofreír la cebolleta, el ajo y el jengibre durante 30 segundos. Agrega el pimentón y sofríe durante 1 minuto. Agrega las vieiras y saltea por 30 segundos, luego agrega el resto de los ingredientes y cocina por unos 3 minutos, hasta que las vieiras estén tiernas.

Calamares con brotes de soja

para 4 personas

450 g / 1 libra de calamares

30 ml / 2 cucharadas de aceite de maní

15 ml / 1 cucharada de vino de arroz o jerez seco

100 g de brotes de soja

15 ml / 1 cucharada de salsa de soja

sal

1 pimiento rojo rallado

2 rodajas de raíz de jengibre rallada

2 cebolletas (cebolletas), ralladas

Quitar la cabeza, tripa y membrana a los calamares y cortarlos en trozos grandes. Corta un patrón en cada pieza. Poner a hervir una olla con agua, añadir los calamares y cocinar a fuego lento hasta que los trozos se enrollen, colar y escurrir. Calentar la mitad del aceite y sofreír rápidamente los calamares. Desglasar con vino o jerez. Mientras tanto, calienta el aceite restante y cocina los brotes de soja al vapor hasta que estén tiernos. Sazone con salsa de soja y sal. Coloque el chile, el jengibre y la cebolleta alrededor de una fuente para servir. Coloca el brote de soja en el centro y cubre con los calamares. Servir inmediatamente.

calamar frito

para 4 personas

50 g de harina para todo uso

25 g / 1 oz / ¬ ° taza de maicena (maicena)

2,5 ml / ¬Ω cucharadita de levadura en polvo

2,5 ml / ¬Ω cucharadita de sal

1 huevo

75 ml / 5 cucharadas de agua

15 ml / 1 cucharada de aceite de maní

450 g de calamares cortados en aros

Freír en aceite

Mezclar la harina, la maicena, el polvo para hornear, la sal, el huevo, el agua y el aceite hasta formar una masa. Sumerge los calamares en la masa hasta que estén bien cubiertos. Calentar el aceite y sofreír los calamares de a poco hasta que estén dorados. Escurrir sobre papel de cocina antes de servir.

paquetitos de calamares

para 4 personas

8 champiñones chinos secos
450 g / 1 libra de calamares
100 g de jamón ahumado
100 gramos de tofu
1 huevo batido
15 ml / 1 cucharada de harina para todo uso
2,5 ml / ½ cucharadita de azúcar
2,5 ml / ½ cucharadita de aceite de sésamo
sal y pimienta recién molida
8 pieles de wonton
Freír en aceite

Remojar los champiñones en agua tibia durante 30 minutos y luego filtrar. Deseche los tallos. Limpiar los calamares y cortarlos en 8 partes. Corta el jamón y el tofu en 8 partes. Ponlos todos en un bol. Mezclar los huevos con la harina, el azúcar, el aceite de sésamo, la sal y la pimienta. Vierte los ingredientes en el bol y mezcla con cuidado. Coloque una cabeza de champiñón y un trozo de calamar, jamón y tofu directamente debajo del centro de cada piel de wonton. Dobla la esquina inferior, dobla los lados y luego enrolla, mojando los bordes con agua para sellar. Calentar el aceite y sofreír los grumos durante unos 8 minutos hasta que estén dorados. Escurrir bien antes de servir.

rollo de calamar frito

para 4 personas

45 ml / 3 cucharadas de aceite de maní (maní)

225 g de anillas de calamar

1 pimiento verde grande, cortado en trozos

100 g de brotes de bambú, en rodajas

2 cebolletas (cebolletas), finamente picadas

1 rodaja de raíz de jengibre, finamente picada

45 ml / 2 cucharadas de salsa de soja

30 ml / 2 cucharadas de vino de arroz o jerez seco

15 ml / 1 cucharada de harina de maíz (almidón de maíz)

15 ml / 1 cucharada de jugo de pescado o agua

5 ml / 1 cucharadita de azúcar

5 ml / 1 cucharadita de vinagre de vino

5 ml / 1 cucharadita de aceite de sésamo

sal y pimienta recién molida

Calentar 15 ml / 1 cucharada de aceite y sofreír rápidamente los calamares hasta que estén bien sellados. Mientras tanto, caliente el aceite restante en una sartén aparte y saltee el pimiento, el brote de bambú, la cebolleta y el jengibre durante 2 minutos. Añade los calamares y sofríe durante 1 minuto. Agrega la salsa de soja, el vino o jerez, la harina de maíz, el caldo, el azúcar, el vinagre de vino y el aceite de sésamo, luego sazona con sal y pimienta. Cocine a fuego lento hasta que la salsa se aclare y espese.

Calamar frito

para 4 personas

45 ml / 3 cucharadas de aceite de maní (maní)
3 cebolletas (cebolletas), cortadas en rodajas gruesas
2 rodajas de raíz de jengibre, picada
450 g de calamares cortados en trozos
15 ml / 1 cucharada de salsa de soja
15 ml / 1 cucharada de vino de arroz o jerez seco
5 ml / 1 cucharadita de harina de maíz (almidón de maíz)
15 ml / 1 cucharada de agua

Calentar el aceite y sofreír la cebolleta y el jengibre hasta que estén tiernos. Añade los calamares y sofríe hasta que estén cubiertos de aceite. Agrega la salsa de soja y el vino o jerez, tapa y cocina a fuego lento durante 2 minutos. Mezclar la harina de maíz y el agua hasta formar una pasta, añadirla a la sartén y cocinar, removiendo, a fuego lento hasta que la salsa espese y los calamares estén tiernos.

Calamares Con Champiñones Secos

para 4 personas

50 g de champiñones chinos secos
450 g / 1 libra de anillas de calamar
45 ml / 3 cucharadas de aceite de maní (maní)
45 ml / 3 cucharadas de salsa de soja
2 cebolletas (cebolletas), finamente picadas
1 rodaja de raíz de jengibre, picada
225 g de brotes de bambú, cortados en tiras
30 ml / 2 cucharadas de harina de maíz (almidón de maíz)
150 ml / ¬º pt / generosa ¬Ω taza de sopa de pescado

Remojar los champiñones en agua tibia durante 30 minutos y luego filtrar. Retire los tallos y corte la parte superior. Escaldamos los calamares en agua hirviendo durante unos segundos. Calentar el aceite, luego agregar los champiñones, la salsa de soja, las cebolletas y el jengibre y sofreír durante 2 minutos. Añade los calamares y los brotes de bambú y sofríe durante 2 minutos. Mezcle la harina de maíz y el caldo, luego mezcle en la sartén. Cocine a fuego lento, revolviendo, hasta que la salsa se aclare y espese.

Calamares con verduras

para 4 personas

45 ml / 3 cucharadas de aceite de maní (maní)

1 cebolla finamente picada

5 ml / 1 cucharadita de sal

450 g de calamares cortados en trozos

100 g de brotes de bambú, en rodajas

2 tallos de apio, cortados en diagonal

60 ml / 4 cucharadas de caldo de pollo

5 ml / 1 cucharadita de azúcar

100 g de guisantes azucarados

5 ml / 1 cucharadita de harina de maíz (almidón de maíz)

15 ml / 1 cucharada de agua

Calentar el aceite y sofreír la cebolla y la sal hasta que estén doradas. Añade los calamares y sofríe hasta que absorban el aceite. Agrega los brotes de bambú y el apio y saltea durante 3 minutos. Agrega el caldo y el azúcar, lleva a ebullición, tapa y cocina a fuego lento durante 3 minutos hasta que las verduras estén blandas. Agrega el tocino. Mezclar la harina de maíz y el agua hasta formar una pasta, mezclar en la sartén y cocinar a fuego lento, revolviendo, hasta que la salsa espese.

Estofado de ternera con anís

para 4 personas

30 ml / 2 cucharadas de aceite de maní

450 g de filete

1 diente de ajo machacado

45 ml / 3 cucharadas de salsa de soja

15 ml / 1 cucharada de agua

15 ml / 1 cucharada de vino de arroz o jerez seco

5 ml / 1 cucharadita de sal

5 ml / 1 cucharadita de azúcar

2 rodajas de anís estrellado

Calentar el aceite y sofreír la carne hasta que esté dorada por todos lados. Agrega el resto de los ingredientes, lleva a ebullición, tapa y cocina a fuego lento durante unos 45 minutos, luego voltea la carne y agrega un poco más de agua y salsa de soja si la carne está seca. Cocine por otros 45 minutos hasta que la carne esté tierna. Deseche el anís estrellado antes de servir.

Ternera con espárragos

para 4 personas

450 g / 1 kilo de lomo de ternera cortado en cubos
30 ml / 2 cucharadas de salsa de soja
30 ml / 2 cucharadas de vino de arroz o jerez seco
45 ml / 3 cucharadas de harina de maíz (almidón de maíz)
45 ml / 3 cucharadas de aceite de maní (maní)
5 ml / 1 cucharadita de sal
1 diente de ajo machacado
350 g de espárragos
120 ml / 4 fl oz / ¬Ω taza de sopa de pollo
15 ml / 1 cucharada de salsa de soja

Coloca el bistec en un bol. Mezclar la salsa de soja, el vino o jerez y 30 ml / 2 cucharadas de harina de maíz, verter sobre los filetes y mezclar bien. Déjalo marinar durante 30 minutos. Calentar el aceite con la sal y el ajo y sofreír hasta que el ajo esté ligeramente dorado. Agrega la carne y la marinada y cocina a fuego lento durante 4 minutos. Agrega los espárragos y sofríe durante 2 minutos. Agrega el caldo y la salsa de soja, deja hervir y cocina, revolviendo, durante 3 minutos hasta que la carne esté tierna. Mezclar el resto de la harina de maíz con un poco más de agua o caldo y agregar a la salsa. Cocine a fuego lento, revolviendo, durante unos minutos hasta que la salsa se aclare y espese.

Ternera con brotes de bambú

para 4 personas

45 ml / 3 cucharadas de aceite de maní (maní)

1 diente de ajo machacado

1 cebolleta (cebolleta), finamente picada

1 rodaja de raíz de jengibre, picada

225 g de carne magra de ternera cortada en tiras

100 g / 4 oz de brotes de bambú

45 ml / 3 cucharadas de salsa de soja

15 ml / 1 cucharada de vino de arroz o jerez seco

5 ml / 1 cucharadita de harina de maíz (almidón de maíz)

Calentar el aceite y sofreír el ajo, la cebolleta y el jengibre hasta que estén dorados. Agrega la carne y cocina por 4 minutos hasta que esté ligeramente dorada. Agrega los brotes de bambú y sofríe durante 3 minutos. Agrega la salsa de soja, el vino o jerez y la maicena y saltea durante 4 minutos.

Ternera con brotes de bambú y setas

para 4 personas

225 g de carne magra
45 ml / 3 cucharadas de aceite de maní (maní)
1 rodaja de raíz de jengibre, picada
100 g de brotes de bambú, en rodajas
100 g de champiñones, en rodajas
45 ml / 3 cucharadas de vino de arroz o jerez seco
5 ml / 1 cucharadita de azúcar
10 ml / 2 cucharaditas de salsa de soja
sal pimienta
120 ml / 4 fl oz / ¬Ω taza de caldo de res
15 ml / 1 cucharada de harina de maíz (almidón de maíz)
30 ml / 2 cucharadas de agua

Cortar la carne en rodajas finas a contrapelo. Calentar el aceite y sofreír el jengibre unos segundos. Agrega la carne y sofríe hasta que esté dorada. Añade los brotes de bambú y las setas y sofríe durante 1 minuto. Agrega el vino o jerez, el azúcar y la salsa de soja, luego sazona con sal y pimienta. Agrega la sopa, deja hervir, tapa y cocina a fuego lento durante 3 minutos. Mezcle la harina de maíz y el agua en la sartén y revuelva hasta que la salsa espese.

Carne De Res Estofada China

para 4 personas

45 ml / 3 cucharadas de aceite de maní (maní)

900 g de chuletón

1 cebolleta (cebolletas), cortada en rodajas

1 diente de ajo picado

1 rodaja de raíz de jengibre, picada

60 ml / 4 cucharadas de salsa de soja

30 ml / 2 cucharadas de vino de arroz o jerez seco

5 ml / 1 cucharadita de azúcar

5 ml / 1 cucharadita de sal

una pizca de pimienta

750 ml/punto 1/3 tazas de agua hirviendo

Calentar el aceite y sofreír rápidamente la carne por todos lados. Agregue cebolletas, ajo, jengibre, salsa de soja, vino o jerez, azúcar, sal y pimienta. Llevar a ebullición mientras revuelve. Agregue el agua hirviendo, vuelva a hervir, revolviendo, luego cubra y cocine a fuego lento durante aproximadamente 2 horas hasta que la carne esté tierna.

Carne de res con brotes de soja

para 4 personas

450 g de carne magra de ternera, en rodajas

1 clara de huevo

30 ml / 2 cucharadas de aceite de maní

15 ml / 1 cucharada de harina de maíz (almidón de maíz)

15 ml / 1 cucharada de salsa de soja

100 g de brotes de soja

25 g / 1 oz de repollo, rallado

1 pimiento rojo rallado

2 cebolletas (cebolletas), ralladas

2 rodajas de raíz de jengibre rallada

sal

5 ml / 1 cucharadita de salsa de ostras

5 ml / 1 cucharadita de aceite de sésamo

Mezclar la carne con la clara de huevo, la mitad del aceite, la maicena y la salsa de soja, luego dejar reposar durante 30 minutos. Blanquear los brotes de soja en agua hirviendo durante unos 8 minutos hasta que estén casi blandos y luego escurrirlos. Calentar el aceite restante y sofreír la carne, luego retirarla de la sartén. Agrega el repollo, el chile, el jengibre, la sal, la salsa de ostras y el aceite de sésamo y saltea durante 2 minutos. Agrega los brotes de soja y sofríe durante 2 minutos. Regrese la carne a la sartén y dore hasta que esté bien mezclada y caliente. Servir inmediatamente.

Ternera con brócoli

para 4 personas

450 g / 1 lb de lomo de res, en rodajas finas
30 ml / 2 cucharadas de harina de maíz (almidón de maíz)
15 ml / 1 cucharada de vino de arroz o jerez seco
15 ml / 1 cucharada de salsa de soja
30 ml / 2 cucharadas de aceite de maní
5 ml / 1 cucharadita de sal
1 diente de ajo machacado
225 g / 8 oz de floretes de brócoli
150 ml / ¬° pt / generosa ¬Ω taza de caldo de res

Coloca el bistec en un bol. Mezclar 15 ml/1 cucharada de harina de maíz con vino o jerez y salsa de soja, añadir a la carne y dejar marinar durante 30 minutos. Calentar el aceite con la sal y el ajo y sofreír hasta que el ajo esté ligeramente dorado. Agrega el bistec y la marinada y dora durante 4 minutos. Agrega el brócoli y sofríe por 3 minutos. Agrega el caldo, deja hervir, tapa y cocina a fuego lento durante 5 minutos hasta que el brócoli esté tierno pero aún crujiente. Mezclar el resto de la harina de maíz con un poco de agua y agregar a la salsa. Cocine a fuego lento, revolviendo, hasta que la salsa se vuelva transparente y espese.

Ternera con semillas de sésamo y brócoli

para 4 personas

150 g de carne magra de ternera, en rodajas finas
2,5 ml / ½ cucharadita de salsa de ostras
5 ml / 1 cucharadita de harina de maíz (almidón de maíz)
5 ml / 1 cucharadita de vinagre de vino blanco
60 ml / 4 cucharadas de aceite de maní
100 g / 4 oz de floretes de brócoli
5 ml / 1 cucharadita de salsa de pescado
2,5 ml / ½ cucharadita de salsa de soja
250 ml / 8 fl oz / 1 taza de caldo de res
30 ml / 2 cucharadas de semillas de sésamo

Marinar la carne con la salsa de ostras, 2,5 ml / ½ cucharadita de harina de maíz, 2,5 ml / ½ cucharadita de vinagre de vino y 15 ml / 1 cucharada de aceite durante 1 hora.

Mientras tanto, calentar 15 ml / 1 cucharada de aceite, añadir el brócoli, 2,5 ml / ½ cucharadita de salsa de pescado, la salsa de soja y el resto del vinagre de vino, y verter agua hirviendo por encima. Cocine a fuego lento durante unos 10 minutos hasta que estén tiernos.

En una sartén aparte calentar 30 ml / 2 cucharadas de aceite y sofreír la carne brevemente hasta que se dore. Agregue el caldo, el resto de la harina de maíz y la salsa de pescado, deje hervir, cubra y cocine a fuego lento durante unos 10 minutos hasta que la carne esté tierna. Escurre el brócoli y colócalo en un plato caliente. Cubrir con la carne y espolvorear generosamente con semillas de sésamo.

Carne a la parrilla

para 4 personas

450 g/1 libra de filete magro, en rodajas
60 ml / 4 cucharadas de salsa de soja
2 dientes de ajo, picados
5 ml / 1 cucharadita de sal
2,5 ml / ¬Ω cucharadita de pimienta recién molida
10 ml / 2 cucharaditas de azúcar

Mezclar todos los ingredientes y dejar reposar durante 3 horas. Ase o ase (freír) en una parrilla caliente durante aproximadamente 5 minutos por cada lado.

carne cantonesa

para 4 personas

30 ml / 2 cucharadas de harina de maíz (almidón de maíz)
Batir 2 claras de huevo a punto de nieve
450 g / 1 libra de bistec, cortado en tiras
Freír en aceite
4 ramas de apio, en rodajas
2 cebollas finamente picadas
60 ml / 4 cucharadas de agua
20 ml / 4 cucharaditas de sal
75 ml / 5 cucharadas de salsa de soja
60 ml / 4 cucharadas de vino de arroz o jerez seco
30 ml / 2 cucharadas de azúcar
pimienta recién molida

Mezclar la mitad de la maicena con la clara de huevo. Agrega el bistec y revuelve para cubrir la carne con la mezcla. Calentar el aceite y freír el filete hasta que esté dorado. Retirar de la sartén y escurrir sobre papel de cocina. Calentar 15 ml/1 cucharada de aceite y sofreír el apio y la cebolla durante 3 minutos. Agrega la carne, el agua, la sal, la salsa de soja, el vino o jerez y el azúcar, luego sazona con pimienta. Llevar a ebullición y cocinar a fuego lento, revolviendo, hasta que la salsa espese.

Ternera con zanahorias

para 4 personas

30 ml / 2 cucharadas de aceite de maní
450 g de carne magra de ternera cortada en cubos
2 cebolletas (cebolletas), cortadas en rodajas
2 dientes de ajo, picados
1 rodaja de raíz de jengibre, picada
250 ml / 8 fl oz / 1 taza de salsa de soja
30 ml / 2 cucharadas de vino de arroz o jerez seco
30 ml / 2 cucharadas de azúcar moreno
5 ml / 1 cucharadita de sal
600 ml / 1 pt / 2 Ω taza de agua
4 zanahorias, cortadas en diagonal

Calentar el aceite y sofreír la carne hasta que esté ligeramente dorada. Escurre el exceso de aceite y añade las cebolletas fritas, el ajo, el jengibre y el anís en 2 minutos. Agrega la salsa de soja, el vino o jerez, el azúcar y la sal y mezcla bien. Agregue agua, hierva, cubra y cocine a fuego lento durante 1 hora. Agrega las zanahorias, tapa y cocina a fuego lento durante otros 30 minutos. Retire la tapa y cocine a fuego lento hasta que se reduzca la salsa.

Ternera con anacardos

para 4 personas

60 ml / 4 cucharadas de aceite de maní
450 g / 1 lb de lomo de res, en rodajas finas
8 cebolletas (cebolletas), cortadas en cubitos
2 dientes de ajo, picados
1 rodaja de raíz de jengibre, picada
75 g / 3 oz / ¬œ taza de anacardos tostados
120 ml / 4 fl oz / ¬Ω taza de agua
20 ml / 4 cucharaditas de harina de maíz (almidón de maíz)
20 ml / 4 cucharaditas de salsa de soja
5 ml / 1 cucharadita de aceite de sésamo
5 ml / 1 cucharadita de salsa de ostras
5 ml / 1 cucharadita de salsa de chile

Calentar la mitad del aceite y sofreír la carne hasta que esté dorada. Retirar de la sartén. Calentar el aceite restante y sofreír las cebolletas, el ajo, el jengibre y los anacardos durante 1 minuto. Regresa la carne a la sartén. Agrega el resto de los ingredientes y vierte la mezcla en la sartén. Llevar a ebullición y cocinar a fuego lento, revolviendo, hasta que la mezcla espese.

Cazuela de carne en olla de cocción lenta

para 4 personas

30 ml / 2 cucharadas de aceite de maní
450 g de carne guisada, cortada en cubos
3 rodajas de raíz de jengibre, picada
3 zanahorias en rodajas
1 nabo cortado en cubitos
15 ml / 1 cucharada de dátiles negros, sin hueso
15 ml / 1 cucharada de semillas de loto
30 ml / 2 cucharadas de pasta de tomate (pasta)
10 ml / 2 cucharadas de sal
900 ml / 1¬Ω pt / 3¬œ taza de caldo de res
250 ml / 8 fl oz / 1 taza de vino de arroz o jerez seco

Calentar el aceite en una sartén o sartén grande apto para horno y freír la carne hasta que se dore por todos lados.

Carne De Res Con Coliflor

para 4 personas

225 g / 8 oz de floretes de coliflor

Freír en aceite

225 g de ternera cortada en tiras

50 g de brotes de bambú, cortados en tiras

10 castañas de agua cortadas en tiras

120 ml / 4 fl oz / ½ taza de sopa de pollo

15 ml / 1 cucharada de salsa de soja

15 ml / 1 cucharada de salsa de ostras

15 ml / 1 cucharada de pasta de tomate (pasta)

15 ml / 1 cucharada de harina de maíz (almidón de maíz)

2,5 ml / ½ cucharadita de aceite de sésamo

Blanquear la coliflor en agua hirviendo durante 2 minutos y luego escurrirla. Calentar el aceite y sofreír la coliflor hasta que esté dorada. Escurrir sobre papel de cocina y escurrir. Calentar el aceite y sofreír la carne hasta que esté dorada, luego retirar y escurrir. Vierta 15 ml / 1 cucharada de todo menos el aceite y cocine al vapor los brotes de bambú y las castañas de agua durante 2 minutos. Agregue el resto de los ingredientes, deje hervir y cocine a fuego lento, revolviendo, hasta que la salsa espese. Regrese la carne y la coliflor a la sartén y caliente suavemente. Servir inmediatamente.

Ternera con apio

para 4 personas

100 g de apio, cortado en tiras
45 ml / 3 cucharadas de aceite de maní (maní)
2 cebolletas (cebolletas), finamente picadas
1 rodaja de raíz de jengibre, picada
225 g de carne magra de ternera cortada en tiras
30 ml / 2 cucharadas de salsa de soja
30 ml / 2 cucharadas de vino de arroz o jerez seco
2,5 ml / ¬Ω cucharadita de azúcar
2,5 ml / ¬Ω cucharadita de sal

Blanquear el apio en agua hirviendo durante 1 minuto y luego escurrirlo bien. Calentar el aceite y sofreír la cebolleta y el jengibre hasta que estén dorados. Agrega la carne y sofríe durante 4 minutos. Agrega el apio y saltea durante 2 minutos. Agrega la salsa de soja, el vino o jerez, el azúcar y la sal y sofríe durante 3 minutos.

Rebanadas de rosbif con apio

para 4 personas

30 ml / 2 cucharadas de aceite de maní
450 g de carne magra de ternera, en rodajas
3 tallos de apio rallados
1 cebolla rallada
1 cebolleta (cebolletas), cortada en rodajas
1 rodaja de raíz de jengibre, picada
30 ml / 2 cucharadas de salsa de soja
15 ml / 1 cucharada de vino de arroz o jerez seco
2,5 ml / ¬Ω cucharadita de azúcar
2,5 ml / ¬Ω cucharadita de sal
10 ml / 2 cucharaditas de harina de maíz (almidón de maíz)
30 ml / 2 cucharadas de agua

Calienta la mitad del aceite hasta que esté muy caliente y frie la carne durante 1 minuto hasta que esté dorada. Retirar de la sartén. Calienta el aceite restante y cocina al vapor ligeramente el apio, la cebolla, la cebolleta y el jengibre. Regrese la carne a la sartén con la salsa de soja, el vino o jerez, el azúcar y la sal, hierva y dore a fuego alto. Combine la harina de maíz y el agua, revuelva en la sartén y cocine a fuego lento hasta que la salsa espese. Servir inmediatamente.

Lonchas de ternera con pollo y apio

para 4 personas

4 champiñones chinos secos

45 ml / 3 cucharadas de aceite de maní (maní)

2 dientes de ajo, picados

1 raíz de jengibre, en rodajas y finamente picada

5 ml / 1 cucharadita de sal

100 g de carne magra cortada en tiras

100 g de pollo cortado en tiras

2 zanahorias, cortadas en tiras

2 tallos de apio, cortados en tiras

4 cebolletas (cebolletas), cortadas en tiras

5 ml / 1 cucharadita de azúcar

5 ml / 1 cucharadita de salsa de soja

5 ml / 1 cucharadita de vino de arroz o jerez seco

45 ml / 3 cucharadas de agua

5 ml / 1 cucharadita de harina de maíz (almidón de maíz)

Remojar los champiñones en agua tibia durante 30 minutos y luego filtrar. Deseche los tallos y corte la parte superior. Calentar el aceite y sofreír el ajo, el jengibre y la sal hasta que estén dorados. Agrega la carne y el pollo y cocina hasta que comiencen a dorarse. Añade el apio, la cebolleta, el azúcar, la salsa de soja, el vino o jerez y el agua y deja hervir. Tape y cocine a fuego lento durante unos 15 minutos hasta que la carne esté tierna. Mezclar la sémola de maíz con un poco de agua, mezclar con la salsa y cocinar a fuego lento hasta que espese la salsa.

Carne Con Chile

para 4 *personas*

450 g / 1 libra de lomo de res, cortado en tiras
45 ml / 3 cucharadas de salsa de soja
15 ml / 1 cucharada de vino de arroz o jerez seco
15 ml / 1 cucharada de azúcar moreno
15 ml / 1 cucharada de raíz de jengibre finamente picada
30 ml / 2 cucharadas de aceite de maní
50 g de brotes de bambú cortados en bastones
1 cebolla cortada en tiras
1 tallo de apio, cortado en palitos
2 chiles rojos, sin semillas y cortados en tiras
120 ml / 4 fl oz / ¬Ω taza de sopa de pollo
15 ml / 1 cucharada de harina de maíz (almidón de maíz)

Coloca el bistec en un bol. Mezclar la salsa de soja, el vino o jerez, el azúcar y el jengibre y mezclar con el bistec. Deje marinar durante 1 hora. Retire el bistec de la marinada. Calentar la mitad del aceite y sofreír los brotes de bambú, la cebolla, el apio y el chile durante 3 minutos, luego retirar de la sartén. Calentar el aceite restante y sofreír el filete durante 3 minutos. Agrega la marinada, lleva a ebullición y agrega las verduras fritas. Cocine a fuego lento, revolviendo, durante 2 minutos.

Mezcle el caldo y la harina de maíz y agréguelos a la sartén. Llevar a ebullición y cocinar, revolviendo, hasta que la salsa se aclare y espese.

Col china de res

para 4 personas

225 g de carne magra
30 ml / 2 cucharadas de aceite de maní
350 g de col china rallada
120 ml / 4 fl oz / ¬Ω taza de caldo de res
sal y pimienta recién molida
10 ml / 2 cucharaditas de harina de maíz (almidón de maíz)
30 ml / 2 cucharadas de agua

Cortar la carne en rodajas finas a contrapelo. Calentar el aceite y sofreír la carne hasta que esté dorada. Agregue el repollo chino y cocine a fuego lento hasta que se ablande un poco. Agrega la sopa, lleva a ebullición, sazona con sal y pimienta. Tape y cocine a fuego lento durante 4 minutos hasta que la carne esté tierna. Mezcle la harina de maíz y el agua en la sartén y revuelva hasta que la salsa espese.

Suey de bistec

para 4 personas

3 ramas de apio, en rodajas
100 g de brotes de soja
100 g / 4 oz de floretes de brócoli
60 ml / 4 cucharadas de aceite de maní
3 cebolletas (cebolletas), finamente picadas
2 dientes de ajo, picados
1 rodaja de raíz de jengibre, picada
225 g de carne magra de ternera cortada en tiras
45 ml / 3 cucharadas de salsa de soja
15 ml / 1 cucharada de vino de arroz o jerez seco
5 ml / 1 cucharadita de sal
2,5 ml / ½ cucharadita de azúcar
pimienta recién molida
15 ml / 1 cucharada de harina de maíz (almidón de maíz)

Blanquear el apio, los brotes de soja y el brócoli en agua hirviendo durante 2 minutos, luego escurrir y secar. Calentar 45 ml / 3 cucharadas de aceite y sofreír las cebolletas, el ajo y el jengibre hasta que estén dorados. Agrega la carne y sofríe durante 4 minutos. Retirar de la sartén. Calentar el aceite restante y sofreír las verduras durante 3 minutos. Agrega la carne, la salsa de soja, el vino o jerez, la sal, el azúcar y una pizca de pimienta y cocina a fuego lento durante 2 minutos. Mezclar la harina de maíz con un poco de agua, mezclarla en la sartén y cocinar a fuego lento, revolviendo, hasta que la salsa se aclare y espese.

Ternera con pepino

para 4 personas

450 g / 1 lb de lomo de res, en rodajas finas
45 ml / 3 cucharadas de salsa de soja
30 ml / 2 cucharadas de harina de maíz (almidón de maíz)
60 ml / 4 cucharadas de aceite de maní
2 pepinos, pelados, sin corazón y rebanados
60 ml / 4 cucharadas de caldo de pollo
30 ml / 2 cucharadas de vino de arroz o jerez seco
sal y pimienta recién molida

Coloca el bistec en un bol. Mezcle la salsa de soja y la harina de maíz y agréguelas al bistec. Déjalo marinar durante 30 minutos. Calienta la mitad del aceite y fríe el pepino durante 3 minutos hasta que esté opaco, luego retíralo de la sartén. Calentar el aceite restante y freír el filete hasta que esté dorado. Agrega el pepino y sofríe durante 2 minutos. Agrega el caldo, el vino o el jerez y sazona con sal y pimienta. Llevar a ebullición, tapar y cocinar a fuego lento durante 3 minutos.

Chow Mein de carne

para 4 personas

750 g / 1 ¬Ω lb solomillo de ternera
2 cebollas
45 ml / 3 cucharadas de salsa de soja
45 ml / 3 cucharadas de vino de arroz o jerez seco
15 ml / 1 cucharada de mantequilla de maní
5 ml / 1 cucharadita de jugo de limón
350 g de pasta al huevo
60 ml / 4 cucharadas de aceite de maní
175 ml / 6 fl oz / ¬œ taza de sopa de pollo
15 ml / 1 cucharada de harina de maíz (almidón de maíz)
30 ml / 2 cucharadas de salsa de ostras
4 cebolletas (cebolletas), finamente picadas
3 ramas de apio, en rodajas
100 g de champiñones, en rodajas
1 pimiento verde cortado en tiras
100 g de brotes de soja

Limpiar y quitar la grasa de la carne. Cortar el parmesano en rodajas finas. Cortar la cebolla en aros, separar las capas. Mezclar 15 ml / 1 cucharada de salsa de soja con 15 ml / 1 cucharada de vino o jerez, mantequilla de maní y jugo de limón.

Agrega la carne, tapa y deja reposar por 1 hora. Cocine la pasta en agua hirviendo durante unos 5 minutos o hasta que esté tierna. Escurrir bien. Calentar 15 ml / 1 cucharada de aceite, añadir 15 ml / 1 cucharada de salsa de soja y los fideos y sofreír durante 2 minutos hasta que se doren ligeramente. Colóquelo en un recipiente caliente.

Mezclar el resto de la salsa de soja y el vino o jerez con el caldo, la harina de maíz y la salsa de ostras. Calentar 15 ml/1 cucharada de aceite y sofreír la cebolla durante 1 minuto. Agrega el apio, los champiñones, el pimiento y los brotes de soja y saltea durante 2 minutos. Retirar del wok. Calentar el aceite restante y sofreír la carne hasta que esté dorada. Agrega la mezcla de caldo, lleva a ebullición, tapa y cocina a fuego lento durante 3 minutos. Regrese las verduras al wok y saltee durante unos 4 minutos hasta que estén calientes. Vierte la mezcla sobre la pasta y sirve.

filete de pepino

para 4 personas

450 g / 1 libra de filete

10 ml / 2 cucharaditas de harina de maíz (almidón de maíz)

10 ml / 2 cucharaditas de sal

2,5 ml / ½ cucharadita de pimienta recién molida

90 ml / 6 cucharadas de aceite de maní (maní)

1 cebolla finamente picada

1 pepino, pelado y rebanado

120 ml / 4 fl oz / ½ taza de caldo de res

Cortar el filete en tiras y luego en rodajas finas al lado del vaso. Colocar en un bol y añadir la maicena, la sal, la pimienta y la mitad del aceite. Déjalo marinar durante 30 minutos. Calentar el aceite restante y sofreír la carne y la cebolla hasta que estén doradas. Añade el pepino y el caldo, deja hervir, tapa y cocina a fuego lento durante 5 minutos.

Curry de carne asada

para 4 personas

45 ml / 3 cucharadas de mantequilla
15 ml / 1 cucharada de curry en polvo
45 ml / 3 cucharadas de harina común (para todo uso)
375 ml / 13 fl oz / 1 Ω taza de leche
15 ml / 1 cucharada de salsa de soja
sal y pimienta recién molida
450 g de ternera picada hervida
100 g de guisantes
2 zanahorias, finamente picadas
2 cebollas finamente picadas
225 g de arroz de grano largo cocido, caliente
1 huevo duro (hervido), rebanado

Derretir la mantequilla, agregar el curry y la harina y cocinar por 1 minuto. Añade la leche y la salsa de soja, deja hervir y cocina a fuego lento durante 2 minutos, revolviendo. Agrega sal y pimienta. Agregue la carne, los guisantes, las zanahorias y la cebolla y mezcle bien para cubrirlos con la salsa. Agrega el arroz, luego transfiere la mezcla a una sartén y hornea en un horno precalentado a 200 ∞C / 400 ∞F / marca de gas 6 durante 20 minutos, hasta que las verduras estén tiernas. Servir adornado con rodajas de huevo duro.

Tortilla De Castañas Y Jamón Y Agua

2 porciones

30 ml / 2 cucharadas de aceite de maní

1 cebolla finamente picada

1 diente de ajo machacado

50 g de jamón picado

50 g de castañas de agua picadas

15 ml / 1 cucharada de salsa de soja

50 g de queso cheddar

3 huevos batidos

Calentar la mitad del aceite y sofreír la cebolla, el ajo, el jamón, las castañas de agua y la salsa de soja hasta que estén dorados. Retíralos de la sartén. Calentar el aceite restante, añadir los huevos y cuando empiece a espesar poner el huevo en el medio para que fluya debajo del huevo crudo. Cuando los huevos estén listos, vierte la mezcla de jamón en una mitad de la tortilla, decora con queso y cubre la otra mitad de la tortilla. Tape y cocine por 2 minutos, luego voltee y cocine por otros 2 minutos hasta que se doren.

tortilla de langosta

para 4 personas

4 huevos

sal y pimienta recién molida

30 ml / 2 cucharadas de aceite de maní

3 cebolletas (cebolletas), finamente picadas

100 g de carne de langosta, picada

Batir ligeramente los huevos y sazonar con sal y pimienta. Calentar el aceite y sofreír las cebolletas durante 1 minuto. Agrega la langosta y revuelve hasta que esté cubierta de aceite. Vierte los huevos en la sartén e inclina la sartén para que los huevos cubran la superficie. Levanta los bordes de la tortilla cuando el huevo esté listo para que el huevo crudo pueda deslizarse debajo. Cocine hasta que esté cocido, luego dóblelo por la mitad y sirva inmediatamente.

tortilla de ostras

para 4 personas

4 huevos

120 ml / 4 fl oz / ½ taza de leche

12 ostras con concha

3 cebolletas (cebolletas), finamente picadas

sal y pimienta recién molida

30 ml / 2 cucharadas de aceite de maní

50 g de carne magra de cerdo finamente picada

50 g de champiñones, en rodajas

50 g / 2 oz de brotes de bambú, en rodajas

Batir ligeramente los huevos con la leche, las ostras, las cebolletas, la sal y la pimienta. Calentar el aceite y sofreír el cerdo hasta que esté dorado. Añade las setas y los brotes de bambú y sofríe durante 2 minutos. Vierta la mezcla de huevo en la sartén y cocine, levantando los bordes de la tortilla a medida que los huevos se endurecen para que el huevo crudo pueda deslizarse hacia abajo. Cocine hasta que esté cocido, luego dóblelo por la mitad, dé vuelta la tortilla y fría el otro lado hasta que esté dorado. Servir inmediatamente.

tortilla de camarones

para 4 personas

4 huevos

15 ml / 1 cucharada de vino de arroz o jerez seco

sal y pimienta recién molida

30 ml / 2 cucharadas de aceite de maní

1 rodaja de raíz de jengibre, picada

225 g de gambas peladas

Batir ligeramente los huevos con el vino o el jerez y añadir sal y pimienta. Calentar el aceite y sofreír el jengibre hasta que esté ligeramente dorado. Agrega los camarones y revuelve hasta que estén cubiertos de aceite. Vierte los huevos en la sartén e inclina la sartén para que los huevos cubran la superficie. Levanta los bordes de la tortilla cuando el huevo esté listo para que el huevo crudo pueda deslizarse debajo. Cocine hasta que esté cocido, luego dóblelo por la mitad y sirva inmediatamente.

Tortilla con vieiras

para 4 personas

4 huevos

5 ml / 1 cucharadita de salsa de soja

sal y pimienta recién molida

30 ml / 2 cucharadas de aceite de maní

3 cebolletas (cebolletas), finamente picadas

225 g de mejillones cortados por la mitad

Batir ligeramente los huevos con la salsa de soja y sazonar con sal y pimienta. Calentar el aceite y sofreír la cebolleta hasta que esté dorada. Agrega las vieiras y sofríe durante 3 minutos. Vierte los huevos en la sartén e inclina la sartén para que los huevos cubran la superficie. Levanta los bordes de la tortilla cuando el huevo esté listo para que el huevo crudo pueda deslizarse debajo. Cocine hasta que esté cocido, luego dóblelo por la mitad y sirva inmediatamente.

tortilla con tofu

para 4 personas

4 huevos

sal y pimienta recién molida

30 ml / 2 cucharadas de aceite de maní

225 g de tofu rallado

Batir ligeramente los huevos y sazonar con sal y pimienta. Calienta el aceite, luego agrega el tofu y cocina a fuego lento hasta que esté caliente. Vierte los huevos en la sartén e inclina la sartén para que los huevos cubran la superficie. Levanta los bordes de la tortilla cuando el huevo esté listo para que el huevo crudo pueda deslizarse debajo. Cocine hasta que esté cocido, luego dóblelo por la mitad y sirva inmediatamente.

Tortilla rellena de cerdo

para 4 personas

50 g / 2 oz de brotes de frijol

60 ml / 4 cucharadas de aceite de maní

225 g de carne magra de cerdo cortada en cubitos

3 cebolletas (cebolletas), finamente picadas

1 tallo de apio finamente picado

15 ml / 1 cucharada de salsa de soja

5 ml / 1 cucharadita de azúcar

4 huevos, ligeramente batidos

sal

Blanquear los brotes de soja en agua hirviendo durante 3 minutos y luego escurrirlos bien. Calentar la mitad del aceite y sofreír el cerdo hasta que esté dorado. Agrega la cebolleta y el apio y sofríe durante 1 minuto. Agrega la salsa de soja y el azúcar y sofríe durante 2 minutos. Retirar de la sartén. Sazone los huevos batidos con sal. Calienta el aceite restante y vierte los huevos en la sartén, inclinando la sartén para que los huevos cubran la superficie. Levanta los bordes de la tortilla cuando el huevo esté listo para que el huevo crudo pueda deslizarse debajo. Coloca el relleno en el medio de la tortilla y dóblala por la mitad. Cocine hasta que esté cocido y sirva inmediatamente.

Tortilla rellena de camarones

para 4 personas

30 ml / 2 cucharadas de aceite de maní
2 tallos de apio, picados
2 cebolletas (cebolletas), finamente picadas
225 g de gambas peladas y cortadas por la mitad
4 huevos, ligeramente batidos
sal

Calentar la mitad del aceite y sofreír el apio y la cebolla. Agrega los camarones y cocina hasta que estén muy calientes. Retirar de la sartén. Sazone los huevos batidos con sal. Calienta el aceite restante y vierte los huevos en la sartén, inclinando la sartén para que los huevos cubran la superficie. Levanta los bordes de la tortilla cuando el huevo esté listo para que el huevo crudo pueda deslizarse debajo. Coloca el relleno en el medio de la tortilla y dóblala por la mitad. Cocine hasta que esté cocido y sirva inmediatamente.

Rollo de tortilla al vapor con relleno de pollo

para 4 personas

4 huevos, ligeramente batidos

sal

15 ml / 1 cucharada de aceite de maní

100 g de pollo hervido, picado

2 rodajas de raíz de jengibre, picada

1 cebolla finamente picada

120 ml / 4 fl oz / ½ taza de caldo de pollo

15 ml / 1 cucharada de vino de arroz o jerez seco

Batir los huevos y sazonar con sal. Calentar un chorrito de aceite y verter una cuarta parte de los huevos, inclinándolos para distribuir la mezcla en la sartén. Freír un lado hasta que esté dorado, dejar reposar y luego cubrirlo en un plato. Cocina las 4 tortillas restantes. Mezcla el pollo, el jengibre y la cebolla. Divida la mezcla uniformemente entre las tortillas, enróllelas, asegúrelas con palitos de cóctel y coloque los panecillos en una fuente poco profunda. Ase en una vaporera, cubra y cocine al vapor durante 15 minutos. Colocar en un bol caliente y cortar en rodajas gruesas. Mientras tanto, calentar el caldo y el jerez, luego añadir sal. Vierte sobre la tortilla y sirve.

panqueques de ostras

Para 4-6 porciones

12 ostras

4 huevos, ligeramente batidos

3 cebollines (cebolletas), en rodajas

sal y pimienta recién molida

6 ml / 4 cucharadas de harina para todo uso

2,5 ml / ½ cucharadita de levadura en polvo

45 ml / 3 cucharadas de aceite de maní (maní)

Pelar las ostras con 60 ml / 4 cucharadas de reserva de licor y picarlas en trozos grandes. Mezclar los huevos con las ostras, las cebolletas, la sal y la pimienta. Mezclar la harina y la levadura, mezclar hasta obtener una masa con la grapa de ostras, luego mezclar la mezcla con el huevo. Calentar un poco de aceite y sofreír una cucharada de masa para hacer pequeñas tortitas. Freír hasta que estén doradas por ambos lados, luego verter un poco de aceite en la sartén y continuar hasta utilizar toda la mezcla.

Tortitas De Camarones

para 4 personas

50 g de gambas peladas y cortadas en trozos pequeños
4 huevos, ligeramente batidos
75 g de harina para todo uso
sal y pimienta recién molida
120 ml / 4 fl oz / ½ taza de caldo de pollo
2 cebolletas (cebolletas), finamente picadas
30 ml / 2 cucharadas de aceite de maní

Mezclar todos los ingredientes excepto el aceite. Calentar un poco de aceite, verter una cuarta parte de la masa inclinando la sartén para que se extienda por la base. Freír el fondo hasta que se dore, luego darle la vuelta y freír el otro lado hasta que se dore. Retirar de la sartén y continuar horneando los panqueques restantes.

huevos revueltos chinos

para 4 personas

4 huevos batidos

2 cebolletas (cebolletas), finamente picadas

pizca de sal

5 ml / 1 cucharadita de salsa de soja (opcional)

30 ml / 2 cucharadas de aceite de maní

Batir los huevos con las cebolletas, la sal y la salsa de soja, si se utiliza. Calienta el aceite y luego vierte la mezcla de huevo. Mezclar suavemente con un tenedor hasta que el huevo cuaje. Servir inmediatamente.

Huevos revueltos con pescado

para 4 personas

225 g / 8 oz de filete de pescado
30 ml / 2 cucharadas de aceite de maní
1 rodaja de raíz de jengibre, picada
2 cebolletas (cebolletas), finamente picadas
4 huevos, ligeramente batidos
sal y pimienta recién molida

Coloca el pescado en una bandeja para horno y colócalo sobre una rejilla en la vaporera. Tape y cocine a fuego lento durante unos 20 minutos, luego retire la piel y desmenuce la pulpa. Calentar el aceite y sofreír el jengibre y la cebolleta hasta que estén dorados. Agrega el pescado y revuelve hasta que esté cubierto de aceite. Sazona los huevos con sal y pimienta, luego viértelos en la sartén y mézclalos con cuidado con un tenedor hasta que los huevos estén suaves. Servir inmediatamente.

Huevos revueltos con champiñones

para 4 personas

30 ml / 2 cucharadas de aceite de maní
4 huevos batidos
3 cebolletas (cebolletas), finamente picadas
pizca de sal
5 ml / 1 cucharadita de salsa de soja
100 g de champiñones, picados en trozos grandes

Calentar la mitad del aceite y sofreír los champiñones unos minutos, luego retirarlos de la sartén. Batir los huevos con las cebolletas, la sal y la salsa de soja. Calienta el aceite restante y luego vierte la mezcla de huevo. Revuelva suavemente con un tenedor hasta que los huevos comiencen a espesarse, luego regrese los champiñones a la sartén y cocine hasta que los huevos cuajen. Servir inmediatamente.

Huevos revueltos con salsa de ostras

para 4 personas

4 huevos batidos

3 cebolletas (cebolletas), finamente picadas

sal y pimienta recién molida

5 ml / 1 cucharadita de salsa de soja

30 ml / 2 cucharadas de aceite de maní

15 ml / 1 cucharada de salsa de ostras

100 g de jamón cocido desmenuzado

2 ramitas de perejil plano

Batir los huevos con las cebolletas, la sal, la pimienta y la salsa de soja. Agrega la mitad del aceite. Calienta el aceite restante y luego vierte la mezcla de huevo. Revuelva suavemente con un tenedor hasta que los huevos comiencen a espesarse, luego agregue la salsa de ostras y cocine hasta que los huevos cuajen. Servir adornado con jamón y perejil.

Huevos revueltos con cerdo

para 4 personas

225 g de carne magra de cerdo, en rodajas

30 ml / 2 cucharadas de salsa de soja

30 ml / 2 cucharadas de aceite de maní

2 cebolletas (cebolletas), finamente picadas

4 huevos batidos

pizca de sal

5 ml / 1 cucharadita de salsa de soja

Mezcle la carne de cerdo y la salsa de soja para cubrir bien la carne. Calentar el aceite y sofreír el cerdo hasta que esté dorado. Agrega la cebolla y sofríe por 1 minuto. Batir los huevos con las cebolletas, la sal y la salsa de soja, luego verter la mezcla de huevos en la sartén. Mezclar suavemente con un tenedor hasta que el huevo cuaje. Servir inmediatamente.

Huevos revueltos con cerdo y camarones

para 4 personas

100 g de carne de cerdo picada (picada)
225 g de gambas peladas
2 cebolletas (cebolletas), finamente picadas
1 rodaja de raíz de jengibre, picada
5 ml / 1 cucharadita de harina de maíz (almidón de maíz)
15 ml / 1 cucharada de vino de arroz o jerez seco
15 ml / 1 cucharada de salsa de soja
sal y pimienta recién molida
45 ml / 3 cucharadas de aceite de maní (maní)
4 huevos, ligeramente batidos

Mezcla la carne de cerdo, los camarones, las cebolletas, el jengibre, la maicena, el vino o jerez, la salsa de soja, la sal y la pimienta. Calentar el aceite y freír la mezcla de cerdo hasta que esté dorada. Vierta los huevos y mezcle suavemente con un tenedor hasta que los huevos solidifiquen. Servir inmediatamente.

Huevos revueltos con espinacas

para 4 personas

45 ml / 3 cucharadas de aceite de maní (maní)

225 g de espinacas

4 huevos batidos

2 cebolletas (cebolletas), finamente picadas

pizca de sal

Calentar la mitad del aceite y sofreír las espinacas durante unos minutos hasta que estén de color verde brillante pero marchitas. Retirar de la sartén y picar en trozos pequeños. Batir los huevos con las cebolletas, la sal y la salsa de soja, si se utiliza. Agrega las espinacas. Calienta el aceite y luego vierte la mezcla de huevo. Mezclar suavemente con un tenedor hasta que el huevo cuaje. Servir inmediatamente.

Huevos revueltos con cebollino

para 4 personas

4 huevos batidos

8 cebolletas (cebolletas), finamente picadas

sal y pimienta recién molida

5 ml / 1 cucharadita de salsa de soja

30 ml / 2 cucharadas de aceite de maní

Batir los huevos con las cebolletas, la sal, la pimienta y la salsa de soja. Calienta el aceite y luego vierte la mezcla de huevo. Mezclar suavemente con un tenedor hasta que el huevo cuaje. Servir inmediatamente.

Huevos revueltos con tomates

para 4 personas

4 huevos batidos

2 cebolletas (cebolletas), finamente picadas

pizca de sal

30 ml / 2 cucharadas de aceite de maní

3 tomates, pelados y picados

Batir los huevos con las cebolletas y la sal. Calienta el aceite y luego vierte la mezcla de huevo. Revuelva con cuidado hasta que los huevos comiencen a espesarse, luego agregue los tomates y continúe cocinando, revolviendo, hasta que espese. Servir inmediatamente.

Huevos revueltos con verduras

para 4 personas

30 ml / 2 cucharadas de aceite de maní

5 ml / 1 cucharadita de aceite de sésamo

1 pimiento verde, cortado en cubitos

1 diente de ajo picado

100 g de guisantes azucarados, cortados por la mitad

4 huevos batidos

2 cebolletas (cebolletas), finamente picadas

pizca de sal

5 ml / 1 cucharadita de salsa de soja

Calentar la mitad del aceite de maní con el aceite de sésamo y sofreír el pimiento y el ajo hasta que estén dorados. Agrega los guisantes endulzados y sofríe durante 1 minuto. Batir los huevos con las cebolletas, la sal y la salsa de soja, luego verter la mezcla en la sartén. Mezclar suavemente con un tenedor hasta que el huevo cuaje. Servir inmediatamente.

soufflé de pollo

para 4 personas

100 g de pechuga de pollo picada
(Yo suelo)
45 ml / 3 cucharadas de caldo de pollo
2,5 ml / ½ cucharadita de sal
4 claras de huevo
75 ml / 5 cucharadas de aceite de maní (maní)

Mezclar bien el pollo, el caldo y la sal. Batir las claras hasta obtener una espuma firme y añadir a la masa. Calienta el aceite hasta que humee, agrega la mezcla y mezcla bien, luego reduce el fuego y continúa cocinando, revolviendo suavemente, hasta que la mezcla solidifique.

soufflé de cangrejo

para 4 personas

100 g de carne de cangrejo, en hojuelas

sal

15 ml / 1 cucharada de harina de maíz (almidón de maíz)

120 ml / 4 fl oz / ½ taza de leche

4 claras de huevo

75 ml / 5 cucharadas de aceite de maní (maní)

Mezclar la carne de cangrejo, la sal, la maicena y mezclar bien. Batir las claras hasta obtener una espuma firme y luego mezclarlas con la masa. Calienta el aceite hasta que humee, agrega la mezcla y mezcla bien, luego reduce el fuego y continúa cocinando, revolviendo suavemente, hasta que la mezcla solidifique.

Soufflé de cangrejo y jengibre

para 4 personas

75 ml / 5 cucharadas de aceite de maní (maní)
2 rodajas de raíz de jengibre, picada
1 cebolleta (cebolleta), finamente picada
100 g de carne de cangrejo, en hojuelas
sal
15 ml / 1 cucharada de vino de arroz o jerez seco
120 ml / 4 ft oz / k taza de leche
60 ml / 4 cucharadas de caldo de pollo
15 ml / 2 cucharadas de harina de maíz (almidón de maíz)
4 claras de huevo
5 ml / 1 cucharadita de aceite de sésamo

Calentar la mitad del aceite y sofreír el jengibre y la cebolla hasta que estén tiernos. Agrega la carne de cangrejo y la sal, retira del fuego y deja enfriar un poco. Mezcle el vino o jerez, la leche, el caldo y la harina de maíz y agréguelos a la mezcla de carne de cangrejo. Batir las claras hasta obtener una espuma firme y luego mezclarlas con la masa. Calienta el aceite restante hasta que humee, agrega la mezcla y mezcla bien, luego reduce el fuego y continúa cocinando, revolviendo con cuidado, hasta que la mezcla solidifique.

soufflé de pescado

para 4 personas

3 huevos, separados

5 ml / 1 cucharadita de salsa de soja

5 ml / 1 cucharadita de azúcar

sal y pimienta recién molida

450 g / 1 libra de filete de pescado

45 ml / 3 cucharadas de aceite de maní (maní)

Mezclar la yema de huevo con la salsa de soja, el azúcar, la sal y la pimienta. Cortar el pescado en trozos grandes. Sumerge el pescado en la mezcla hasta que esté bien cubierto. Calentar el aceite y sofreír el pescado hasta que el fondo esté ligeramente dorado. Mientras tanto, bata las claras hasta obtener una espuma firme. Voltee el pescado y coloque la clara de huevo encima. Cocine durante 2 minutos hasta que el fondo esté ligeramente dorado, luego voltee nuevamente y cocine por 1 minuto más hasta que las claras estén firmes y doradas. Servir con salsa de tomate.

soufflé de camarones

para 4 personas

225 g de gambas peladas y cortadas en trozos pequeños
1 rodaja de raíz de jengibre, picada
15 ml / 1 cucharada de vino de arroz o jerez seco
15 ml / 1 cucharada de salsa de soja
sal y pimienta recién molida
4 claras de huevo
45 ml / 3 cucharadas de aceite de maní (maní)

Agrega los camarones, el jengibre, el vino o jerez, la salsa de soja, la sal y la pimienta. Batir las claras hasta obtener una espuma firme y luego mezclarlas con la masa. Calienta el aceite hasta que humee, agrega la mezcla y mezcla bien, luego reduce el fuego y continúa cocinando, revolviendo suavemente, hasta que la mezcla solidifique.

Soufflé de camarones con brotes de soja

para 4 personas

100 g de brotes de soja

100 g de gambas peladas y picadas en trozos grandes

2 cebolletas (cebolletas), finamente picadas

5 ml / 1 cucharadita de harina de maíz (almidón de maíz)

15 ml / 1 cucharada de vino de arroz o jerez seco

120 ml / 4 fl oz / ½ taza de caldo de pollo

sal

4 claras de huevo

45 ml / 3 cucharadas de aceite de maní (maní)

Blanquear los brotes de soja en agua hirviendo durante 2 minutos, luego colar y mantener calientes. Mientras tanto, mezcla los camarones, la cebolla, la maicena, el vino o jerez, el caldo y sazona con sal. Batir las claras hasta obtener una espuma firme y luego mezclarlas con la masa. Calienta el aceite hasta que humee, agrega la mezcla y mezcla bien, luego reduce el fuego y continúa cocinando, revolviendo suavemente, hasta que la mezcla solidifique. Colocar en un plato caliente y decorar con brotes de soja.

soufflé de verduras

para 4 personas

5 huevos, separados

3 patatas ralladas

1 cebolla pequeña, finamente picada

15 ml / 1 cucharada de perejil fresco picado

5 ml / 1 cucharadita de salsa de soja

sal y pimienta recién molida

Batir las claras hasta obtener una espuma firme. Batir las yemas de los huevos hasta que estén suaves y espesas, luego agregar las patatas, la cebolla, el perejil y la salsa de soja y mezclar bien.

Agrega las claras de huevo. Verter en un molde para soufflé engrasado y hornear en el horno precalentado a 180 °C, temperatura 4, durante aprox. Hornea por 40 minutos.

Huevo de Foo Yung

para 4 personas

4 huevos, ligeramente batidos
sal
100 g de pollo hervido, picado
1 cebolla finamente picada
2 tallos de apio, picados
50 g de champiñones finamente picados
30 ml / 2 cucharadas de aceite de maní
salsa de huevo foo yung

Mezclar los huevos, la sal, el pollo, la cebolla, el apio y los champiñones. Calentar un poco de aceite y verter una cuarta parte de la mezcla en la sartén. Freír hasta que el fondo esté ligeramente dorado, luego darle la vuelta y freír también el otro lado. Servido con salsa foo yung de huevo.

Huevos fritos Foo Yung

para 4 personas

4 huevos, ligeramente batidos
5 ml / 1 cucharadita de sal
100 g de jamón ahumado picado
100 g de champiñones finamente picados
15 ml / 1 cucharada de salsa de soja
Freír en aceite

Mezclar los huevos con sal, jamón, champiñones y salsa de soja. Calienta el aceite y con cuidado vierte cucharadas de la mezcla en el aceite. Freír hasta que suban a la superficie, darles la vuelta por ambos lados hasta que se doren. Retirar del aceite y freír las tortitas restantes.

Cangrejo Foo Yung con champiñones

para 4 personas

6 huevos batidos

45 ml / 3 cucharadas de harina de maíz (almidón de maíz)

100 g de carne de cangrejo

100 g de champiñones cortados en cubos

100 g de guisantes congelados

2 cebolletas (cebolletas), finamente picadas

5 ml / 1 cucharadita de sal

45 ml / 3 cucharadas de aceite de maní (maní)

Batir el huevo, luego agregar la harina de maíz. Agrega todos los demás ingredientes excepto el aceite. Calentar un poco de aceite y luego verterlo poco a poco en la sartén hasta que quede aprox. Consigue tortitas de 7,5 cm de ancho. Freír hasta que el fondo esté ligeramente dorado, luego darle la vuelta y freír también el otro lado. Continuar hasta utilizar toda la mezcla.

Huevos Foo Yung con jamón

para 4 personas

60 ml / 4 cucharadas de aceite de maní
50 g de brotes de bambú, cortados en cubos
50 g de castañas de agua cortadas en cubos
2 cebolletas (cebolletas), finamente picadas
2 tallos de apio, cortados en cubitos
50 g de jamón ahumado cortado en cubos
15 ml / 1 cucharada de salsa de soja
2,5 ml / ½ cucharadita de azúcar
2,5 ml / ½ cucharadita de sal
4 huevos, ligeramente batidos

Calentar la mitad del aceite y sofreír los brotes de bambú, las castañas de agua, las cebolletas y el apio durante unos 2 minutos. Agrega el jamón, la salsa de soja, el azúcar y la sal, retira de la sartén y deja enfriar un poco. Agrega la mezcla al huevo batido. Calienta un poco del aceite restante y viértelo poco a poco en la sartén hasta cubrir aprox. Consigue tortitas de 7,5 cm de ancho. Freír hasta que el fondo esté ligeramente dorado, luego darle la vuelta y freír también el otro lado. Continuar hasta utilizar toda la mezcla.

Huevo De Cerdo Frito Foo Yung

para 4 personas

4 champiñones chinos secos
60 ml / 3 cucharadas de aceite de maní
100 g de cerdo asado, picado
100 g de col china rallada
50 g / 2 oz de brotes de bambú, en rodajas
50 g de castañas de agua, en rodajas
4 huevos, ligeramente batidos
sal y pimienta recién molida

Remojar los champiñones en agua tibia durante 30 minutos y luego filtrar. Retire los tallos y corte la parte superior. Calentar 30 ml / 2 cucharadas de aceite y sofreír las setas, el cerdo, la col, los brotes de bambú y las castañas de agua durante 3 minutos. Sácalo del horno y déjalo enfriar un poco, luego agrégalo a los huevos y sazona con sal y pimienta. Calienta un poco del aceite restante y viértelo poco a poco en la sartén hasta cubrir aprox. Consigue tortitas de 7,5 cm de ancho. Freír hasta que el fondo esté ligeramente dorado, luego darle la vuelta y freír también el otro lado. Continuar hasta utilizar toda la mezcla.

Foo Yung Huevo De Cerdo Y Gambas

para 4 personas

45 ml / 3 cucharadas de aceite de maní (maní)
100 g de carne magra de cerdo, en rodajas
1 cebolla finamente picada
225 g de camarones, pelados y cortados en rodajas
50 g de col china rallada
4 huevos, ligeramente batidos
sal y pimienta recién molida

Calentar 30 ml / 2 cucharadas de aceite y sofreír el cerdo y la cebolla hasta que estén dorados. Agrega los camarones y fríe hasta que estén cubiertos de aceite, luego agrega el repollo, mezcla bien, tapa y cocina a fuego lento durante 3 minutos. Retirar de la sartén y dejar enfriar un poco. Agrega la mezcla de carne a los huevos y sazona con sal y pimienta. Calienta un poco del aceite restante y viértelo poco a poco en la sartén hasta cubrir aprox. Consigue tortitas de 7,5 cm de ancho. Freír hasta que el fondo esté ligeramente dorado, luego darle la vuelta y freír también el otro lado. Continuar hasta utilizar toda la mezcla.

arroz blanco

para 4 personas

225 g / 8 oz / 1 taza de arroz de grano largo
15 ml / 1 cucharada de aceite
750 ml / 1¼ pt / 3 tazas de agua

Lavar el arroz y ponerlo en una cacerola. Agrega el agua al aceite y viértelo en la sartén, aproximadamente a una pulgada por encima del arroz. Llevar a ebullición, tapar, retirar del fuego y cocinar a fuego lento durante 20 minutos.

arroz integral cocido

para 4 personas

225 g / 8 oz / 1 taza de arroz integral de grano largo
5 ml / 1 cucharadita de sal
900 ml / 1½ puntos / 3¾ tazas de agua

Lavar el arroz y ponerlo en una cacerola. Agrega la sal y el agua hasta unos 3 cm por encima del arroz. Llevar a ebullición, tapar, reducir el fuego y cocinar a fuego lento durante 30 minutos, con cuidado de que no hierva.

Arroz con Carne

para 4 personas

225 g / 8 oz / 1 taza de arroz de grano largo
100 g / 4 oz de carne molida (picada)
1 rodaja de raíz de jengibre, picada
15 ml / 1 cucharada de salsa de soja
15 ml / 1 cucharada de vino de arroz o jerez seco
5 ml / 1 cucharadita de aceite de maní
2,5 ml / ½ cucharadita de azúcar
2,5 ml / ½ cucharadita de sal

Coloque el arroz en una olla grande y déjelo hervir. Tape y cocine a fuego lento durante unos 10 minutos hasta que se absorba la mayor parte del líquido. Mezclar el resto de los ingredientes, ponerlos sobre el arroz, tapar y cocinar 20 minutos más a fuego lento hasta que esté cocido. Mezclar los ingredientes antes de servir.

Arroz con hígado de pollo

para 4 personas

225 g / 8 oz / 1 taza de arroz de grano largo
375 ml / 13 fl oz / 1½ tazas de caldo de pollo
sal
2 hígados de pollo hervidos, en rodajas finas

Coloque el arroz y el caldo en una olla grande y déjelo hervir. Tape y cocine a fuego lento durante unos 10 minutos hasta que el arroz esté casi tierno. Retire la tapa y continúe cocinando a fuego lento hasta que se absorba la mayor parte del caldo. Agrega sal, agrega el hígado de pollo y deja hervir a fuego lento antes de servir.

Arroz con pollo y champiñones

para 4 personas

225 g / 8 oz / 1 taza de arroz de grano largo
100 g de pollo, picado
100 g de champiñones cortados en cubos
5 ml / 1 cucharadita de harina de maíz (almidón de maíz)
5 ml / 1 cucharadita de salsa de soja
5 ml / 1 cucharadita de vino de arroz o jerez seco
pizca de sal
15 ml / 1 cucharada de cebolletas picadas (cebolletas)
15 ml / 1 cucharada de salsa de ostras

Coloque el arroz en una olla grande y déjelo hervir. Tape y cocine a fuego lento durante unos 10 minutos hasta que se absorba la mayor parte del líquido. Mezclar todos los demás ingredientes excepto las cebolletas y la salsa de ostras, poner el arroz encima, tapar y cocinar otros 20 minutos a fuego lento hasta que estén tiernos. Mezcle los ingredientes y espolvoree con cebolletas y salsa de ostras antes de servir.

Arroz de coco

para 4 personas

225 g / 8 oz / 1 taza de arroz con sabor tailandés
1 l / 1¾ pt / 4¼ tazas de leche de coco
150 ml / ¼ pt / generosa ½ taza de crema de coco
1 ramita de cilantro picado
pizca de sal

Llevar a ebullición todos los ingredientes en una cacerola, tapar y cocinar el arroz a fuego lento durante 25 minutos, revolviendo ocasionalmente.

Arroz con carne de cangrejo

para 4 personas

225 g / 8 oz / 1 taza de arroz de grano largo
100 g de carne de cangrejo, en hojuelas
2 rodajas de raíz de jengibre, picada
15 ml / 1 cucharada de salsa de soja
15 ml / 1 cucharada de vino de arroz o jerez seco
5 ml / 1 cucharadita de aceite de maní
5 ml / 1 cucharadita de harina de maíz (almidón de maíz)
sal y pimienta recién molida

Coloque el arroz en una olla grande y déjelo hervir. Tape y cocine a fuego lento durante unos 10 minutos hasta que se absorba la mayor parte del líquido. Mezclar el resto de los ingredientes, ponerlos sobre el arroz, tapar y cocinar 20 minutos más a fuego lento hasta que esté cocido. Mezclar los ingredientes antes de servir.

Arroz con guisantes

para 4 personas

225 g / 8 oz / 1 taza de arroz de grano largo
350 g de guisantes
30 ml / 2 cucharadas de salsa de soja

Coloque el arroz y el caldo en una olla grande y déjelo hervir. Añade los guisantes, tapa y cocina a fuego lento durante unos 20 minutos, hasta que el arroz esté casi tierno. Retire la tapa y continúe cocinando a fuego lento hasta que se absorba la mayor parte del líquido. Déjalo reposar 5 minutos tapado, luego espolvorea con salsa de soja y sirve.

Arroz con pimienta

para 4 personas

225 g / 8 oz / 1 taza de arroz de grano largo

2 cebolletas (cebolletas), finamente picadas
1 pimiento rojo cortado en cubitos
45 ml / 3 cucharadas de salsa de soja
30 ml / 2 cucharadas de aceite de maní
5 ml / 1 cucharadita de azúcar

Coloque el arroz en una cacerola, cubra con agua fría, lleve a ebullición, tape y cocine a fuego lento durante unos 20 minutos hasta que esté tierno. Escurrir bien y luego agregar la cebolleta, el pimiento, la salsa de soja, el aceite y el azúcar. Colóquelo en un recipiente caliente y sirva inmediatamente.

Arroz con huevos escalfados

para 4 personas

225 g / 8 oz / 1 taza de arroz de grano largo

4 huevos

15 ml / 1 cucharada de salsa de ostras

Coloque el arroz en una cacerola, cubra con agua fría, lleve a ebullición, tape y cocine a fuego lento durante unos 10 minutos hasta que esté tierno. Escurrir y colocar en un plato caliente. Mientras tanto, hervir una olla con agua, cascar los huevos con cuidado y cocinar unos minutos hasta que la clara espese pero los huevos aún estén húmedos. Retirar de la sartén con una espumadera y colocar el arroz encima. Sirva rociado con salsa de ostras.

arroz singapur

para 4 personas

225 g / 8 oz / 1 taza de arroz de grano largo

5 ml / 1 cucharadita de sal
1,2 l / 2 pt / 5 tazas de agua

Lavar el arroz, luego ponerlo en una olla con sal y agua. Llevar a ebullición, luego reducir el fuego y cocinar durante unos 15 minutos, hasta que el arroz esté tierno. Escurrir en un colador y enjuagar con agua caliente antes de servir.

Arroz lento en el barco

para 4 personas

225 g / 8 oz / 1 taza de arroz de grano largo
5 ml / 1 cucharadita de sal

15 ml / 1 cucharada de aceite
750 ml / 1 ¼ pt / 3 tazas de agua

Lavar el arroz y ponerlo en una olla con sal, aceite y agua. Tapar y hornear en horno precalentado a 120 °C / 250 °F / marca de gas ½ durante aproximadamente 1 hora, hasta que se absorba toda el agua.

arroz frito al vapor

para 4 personas
225 g / 8 oz / 1 taza de arroz de grano largo
5 ml / 1 cucharadita de sal
450 ml / ¾ pt / 2 tazas de agua

Colocar el arroz, la sal y el agua en una cacerola, tapar y hornear en el horno precalentado a 180°C / 350°F / marca 4 durante unos 30 minutos.

Arroz frito

para 4 personas

225 g / 8 oz / 1 taza de arroz de grano largo
750 ml / 1¼ pt / 3 tazas de agua
30 ml / 2 cucharadas de aceite de maní

1 huevo batido

2 dientes de ajo, picados

pizca de sal

1 cebolla finamente picada

3 cebolletas (cebolletas), finamente picadas

2,5 ml / ½ cucharadita de melaza de cilantro

Poner el arroz y el agua en una cacerola, llevar a ebullición, tapar y cocinar a fuego lento durante unos 20 minutos hasta que el arroz esté cocido. Escurrir bien. Calentar 5 ml / 1 cucharadita de aceite y verter el huevo. Cocine hasta que espese en el fondo, luego déle la vuelta y cocine hasta que espese. Retirar de la sartén y cortar en tiras. Echar el resto del aceite en la sartén con el ajo y la sal y sofreír hasta que el ajo esté dorado. Agrega la cebolla y el arroz y sofríe durante 2 minutos. Agrega las cebolletas y saltea durante 2 minutos. Agrega la melaza de la olla hasta que el arroz esté cubierto, luego agrega las tiras de huevo y sirve.

arroz frito con almendras

para 4 personas

250 ml / 8 fl oz / 1 taza de aceite de maní (maní)

50 g / 2 oz / ½ taza de almendras laminadas

4 huevos batidos

450 g / 1 lb / 3 tazas de arroz de grano largo cocido
5 ml / 1 cucharadita de sal
3 lonchas de jamón cocido cortado en tiras
2 chalotes, finamente picados
15 ml / 1 cucharada de salsa de soja

Calentar el aceite y sofreír las almendras hasta que estén doradas. Retirar de la sartén y escurrir sobre papel de cocina. Vierte la mayor parte del aceite de la sartén, luego caliéntalo y vierte los huevos encima, revolviendo continuamente. Agregue el arroz y la sal y cocine por 5 minutos, levantando y revolviendo rápidamente para cubrir los granos de arroz con el huevo. Agrega el jamón, las cebolletas y la salsa de soja y cocina por 2 minutos más. Agregue la mayoría de las almendras y sirva adornado con las almendras restantes.

Arroz frito con tocino y huevos

para 4 personas
45 ml / 3 cucharadas de aceite de maní (maní)
225 g de tocino, picado
1 cebolla finamente picada

3 huevos batidos

225 g de arroz de grano largo cocido

Calentar el aceite y sofreír el tocino y la cebolla hasta que estén dorados. Agrega el huevo y cocina hasta que esté casi cocido. Agregue el arroz y cocine a fuego lento hasta que el arroz esté caliente.

Arroz frito con carne

para 4 personas

225 g de carne magra de ternera cortada en tiras
15 ml / 1 cucharada de harina de maíz (almidón de maíz)

15 ml / 1 cucharada de salsa de soja
15 ml / 1 cucharada de vino de arroz o jerez seco
5 ml / 1 cucharadita de azúcar
75 ml / 5 cucharadas de aceite de maní (maní)
1 cebolla finamente picada
450 g / 1 lb / 3 tazas de arroz de grano largo cocido
45 ml / 3 cucharadas de caldo de pollo

Mezclar la carne con la maicena, la salsa de soja, el vino o jerez y el azúcar. Calentar la mitad del aceite y sofreír la cebolla hasta que esté transparente. Agrega la carne y sofríe por 2 minutos. Retirar de la sartén. Calentar el aceite restante, añadir el arroz y sofreír durante 2 minutos. Agrega la sopa y calienta. Agregue la mitad de la mezcla de carne y cebolla y revuelva hasta que esté caliente, luego colóquela en un tazón caliente y decore con la carne y la cebolla restantes.

Arroz frito con carne picada

para 4 personas
30 ml / 2 cucharadas de aceite de maní
1 diente de ajo machacado

pizca de sal

30 ml / 2 cucharadas de salsa de soja

30 ml / 2 cucharadas de salsa hoisin

450 g / 1 libra de carne molida (picada)

1 cebolla picada

1 zanahoria picada

1 puerro, cortado en cubitos

450 g/1 libra de arroz de grano largo cocido

Calentar el aceite y sofreír el ajo y la sal hasta que estén dorados. Agrega la salsa de soja y la salsa hoisin y revuelve mientras esté caliente. Agrega la carne y sofríe hasta que esté dorada y desmenuzada. Agregue las verduras y cocine a fuego lento hasta que estén suaves, revolviendo con frecuencia. Agrega el arroz y cocina a fuego lento, revolviendo constantemente, hasta que esté caliente y cubriendo las salsas.

Arroz frito con carne y cebolla

para 4 personas

450 g/1 libra de carne de res magra, en rodajas finas

45 ml / 3 cucharadas de salsa de soja

15 ml / 1 cucharada de vino de arroz o jerez seco
sal y pimienta recién molida
15 ml / 1 cucharada de harina de maíz (almidón de maíz)
45 ml / 3 cucharadas de aceite de maní (maní)
1 cebolla finamente picada
225 g de arroz de grano largo cocido

Marinar la carne en salsa de soja, vino o jerez, sal, pimienta y harina de maíz durante 15 minutos. Calentar el aceite y sofreír la cebolla hasta que esté dorada. Agrega la carne y la marinada y sofríe por 3 minutos. Añade el arroz y cocina a fuego lento hasta que esté muy caliente.

pollo arroz frito

para 4 personas

225 g / 8 oz / 1 taza de arroz de grano largo
750 ml / 1 ¼ pt / 3 tazas de agua

30 ml / 2 cucharadas de aceite de maní
2 dientes de ajo, picados
pizca de sal
1 cebolla finamente picada
3 cebolletas (cebolletas), finamente picadas
100 g de pollo hervido, picado
15 ml / 1 cucharada de salsa de soja

Poner el arroz y el agua en una cacerola, llevar a ebullición, tapar y cocinar a fuego lento durante unos 20 minutos hasta que el arroz esté cocido. Escurrir bien. Calentar el aceite y sofreír el ajo y la sal hasta que el ajo esté ligeramente dorado. Agrega la cebolla y sofríe durante 1 minuto. Agrega el arroz y cocina a fuego lento durante 2 minutos. Agrega el cebollino y el pollo y saltea durante 2 minutos. Agrega la salsa de soja para cubrir el arroz.

arroz con pato asado

para 4 personas
4 champiñones chinos secos
45 ml / 3 cucharadas de aceite de maní (maní)

2 cebolletas (cebolletas), cortadas en rodajas

225 g de col china rallada

100 g de pato cocido cortado en trozos pequeños

45 ml / 3 cucharadas de salsa de soja

15 ml / 1 cucharada de vino de arroz o jerez seco

350 g de arroz de grano largo cocido

45 ml / 3 cucharadas de caldo de pollo

Remojar los champiñones en agua tibia durante 30 minutos y luego filtrar. Deseche los tallos y corte la parte superior. Calentar la mitad del aceite y sofreír la cebolleta hasta que esté transparente. Agrega el caldo chino y sofríe por 1 minuto. Agrega el pato, la salsa de soja y el vino o jerez y saltea durante 3 minutos. Retirar de la sartén. Calentar el aceite restante y sofreír el arroz hasta que el aceite lo cubra. Agrega la sopa, lleva a ebullición y sofríe durante 2 minutos. Regrese la mezcla de pato a la sartén y revuelva hasta que esté tibia antes de servir.

Arroz al vapor con jamón

para 4 personas

30 ml / 2 cucharadas de aceite de maní

1 huevo batido

1 diente de ajo machacado
350 g de arroz de grano largo cocido
1 cebolla finamente picada
1 pimiento verde picado
100 g de jamón picado
50 g de castañas de agua, en rodajas
50 g de brotes de bambú, picados
15 ml / 1 cucharada de salsa de soja
15 ml / 1 cucharada de vino de arroz o jerez seco
15 ml / 1 cucharada de salsa de ostras

Calentar un poco de aceite en una sartén y añadir el huevo para que se extienda por toda la sartén inclinando la sartén. Hornee hasta que el fondo esté ligeramente dorado, luego déle la vuelta y hornee también el otro lado. Retirar de la sartén y picar y sofreír los ajos hasta que estén dorados. Agrega el arroz, la cebolla y el pimiento y sofríe durante 3 minutos. Añade el jamón, las castañas de agua y los brotes de bambú y sofríe durante 5 minutos. Añade los demás ingredientes y sofríe durante aprox. durante 4 minutos. Espolvorea con las tiras de huevo y sirve.

Arroz con jamón ahumado y caldo

para 4 personas
30 ml / 2 cucharadas de aceite de maní

3 huevos batidos

350 g de arroz de grano largo cocido

600 ml / 1 pt / 2½ tazas de caldo de pollo

100 g de jamón ahumado desmenuzado

100 g de brotes de bambú, en rodajas

Calienta el aceite y luego vierte los huevos. Cuando empiecen a espesar añadimos el arroz y sofreímos durante 2 minutos. Agrega el caldo y el jamón y deja hervir. Cocine a fuego lento durante 2 minutos, luego agregue los brotes de bambú y sirva.

cerdo con arroz frito

para 4 personas

45 ml / 3 cucharadas de aceite de maní (maní)

3 cebolletas (cebolletas), finamente picadas

100 g de cerdo asado, cortado en cubos

350 g de arroz de grano largo cocido

30 ml / 2 cucharadas de salsa de soja
2,5 ml / ½ cucharadita de sal
2 huevos batidos

Calentar el aceite y sofreír la cebolleta hasta que esté transparente. Agrega la carne de cerdo y revuelve hasta que esté cubierta de aceite. Agrega el arroz, la salsa de soja y la sal y cocina a fuego lento durante 3 minutos. Añade los huevos y bate hasta que empiece a espesar.

Arroz frito con cerdo y camarones

para 4 personas

45 ml / 3 cucharadas de aceite de maní (maní)
2,5 ml / ½ cucharadita de sal
2 cebolletas (cebolletas), finamente picadas

350 g de arroz de grano largo cocido
100 g de cerdo asado
225 g de gambas peladas
50 g de hojas chinas ralladas
45 ml / 3 cucharadas de salsa de soja

Calentar el aceite y sofreír la sal y la cebolleta hasta que estén doradas. Agrega el arroz y tuesta para romper los granos. Agrega la carne de cerdo y cocina a fuego lento durante 2 minutos. Añade las gambas, las hojas chinas y la salsa de soja y sofríe hasta que estén bien calientes.

Arroz frito con camarones

para 4 personas
225 g / 8 oz / 1 taza de arroz de grano largo
750 ml / 1¼ pt / 3 tazas de agua
30 ml / 2 cucharadas de aceite de maní
2 dientes de ajo, picados

pizca de sal
1 cebolla finamente picada
225 g de gambas peladas
5 ml / 1 cucharadita de salsa de soja

Poner el arroz y el agua en una cacerola, llevar a ebullición, tapar y cocinar a fuego lento durante unos 20 minutos hasta que el arroz esté cocido. Escurrir bien. Calentar el aceite con el ajo y la sal y sofreír hasta que el ajo esté ligeramente dorado. Agrega el arroz y la cebolla y sofríe durante 2 minutos. Agrega los camarones y sofríe por 2 minutos. Agrega la salsa de soja antes de servir.

arroz frito y guisantes

para 4 personas
30 ml / 2 cucharadas de aceite de maní
2 dientes de ajo, picados
5 ml / 1 cucharadita de sal
350 g de arroz de grano largo cocido

225 g de guisantes congelados o escaldados, descongelados
4 cebolletas (cebolletas), finamente picadas
30 ml / 2 cucharadas de perejil fresco finamente picado

Calentar el aceite y sofreír el ajo y la sal hasta que estén dorados. Agrega el arroz y cocina a fuego lento durante 2 minutos. Agrega los guisantes, la cebolla y el perejil y saltea durante unos minutos hasta que estén bien calientes. Servir caliente o frío.

Arroz frito con salmón

para 4 personas

30 ml / 2 cucharadas de aceite de maní
2 dientes de ajo picado
2 cebolletas (cebolletas), cortadas en rodajas
50 g de salmón picado
75 g de espinacas picadas
150 g de arroz de grano largo cocido

Calentar el aceite y sofreír el ajo y la cebolleta durante 30 segundos. Agrega el salmón y sofríe durante 1 minuto. Agrega las espinacas y sofríe por 1 minuto. Agrega el arroz y cocina hasta que esté caliente y bien mezclado.

arroz frito especial

para 4 personas

60 ml / 4 cucharadas de aceite de maní
1 cebolla finamente picada
100 g de tocino, picado
50 g de jamón picado
50 g de pollo cocido, picado
50 g de gambas peladas
60 ml / 4 cucharadas de salsa de soja
30 ml / 2 cucharadas de vino de arroz o jerez seco

sal y pimienta recién molida

15 ml / 1 cucharada de harina de maíz (almidón de maíz)

225 g de arroz de grano largo cocido

2 huevos batidos

100 g de champiñones, en rodajas

50 g de guisantes congelados

Calentar el aceite y sofreír la cebolla y el tocino hasta que estén dorados. Agrega el jamón y el pollo y cocina por 2 minutos. Agrega los camarones, la salsa de soja, el vino o jerez, la sal, la pimienta y la maicena y cocina a fuego lento durante 2 minutos. Agrega el arroz y cocina a fuego lento durante 2 minutos. Agrega el huevo, los champiñones y los guisantes y saltea durante 2 minutos hasta que esté caliente.

Diez arroces caros

Sirve de 6 a 8

45 ml / 3 cucharadas de aceite de maní (maní)

1 cebolleta (cebolleta), finamente picada

100 g de carne magra de cerdo picada

1 pechuga de pollo, picada

100 g de jamón desmenuzado

30 ml / 2 cucharadas de salsa de soja

30 ml / 2 cucharadas de vino de arroz o jerez seco

5 ml / 1 cucharadita de sal

350 g de arroz de grano largo cocido

250 ml / 8 fl oz / 1 taza de caldo de pollo

100 g de brotes de bambú, cortados en tiras

50 g de castañas de agua, en rodajas

Calentar el aceite y sofreír la cebolla hasta que esté transparente. Agrega la carne de cerdo y cocina a fuego lento durante 2 minutos. Agrega el pollo y el jamón y cocina por 2 minutos. Agrega la salsa de soja, el jerez y la sal. Agrega el arroz y el caldo y deja hervir. Añade los brotes de bambú y las castañas de agua, tapa y cocina a fuego lento durante 30 minutos.

Arroz con Atún Asado

para 4 personas

30 ml / 2 cucharadas de aceite de maní

2 cebollas finamente picadas

1 pimiento verde picado

450 g / 1 lb / 3 tazas de arroz de grano largo cocido

sal

3 huevos batidos

300 g de atún enlatado, en hojuelas

30 ml / 2 cucharadas de salsa de soja

2 chalotes, finamente picados

Calentar el aceite y sofreír la cebolla hasta que esté blanda. Agrega el pimiento y sofríe por 1 minuto. Presiónelo hacia un lado de la sartén. Agrega el arroz, la sal y sofríe durante 2 minutos, mezclando poco a poco el pimiento y la cebolla. Hacer un hueco en medio del arroz, echarle un poco de aceite y añadir los huevos. Mezclar hasta que esté casi espumoso y agregar al arroz. Cocine por otros 3 minutos. Agrega el atún y la salsa de soja y calienta bien. Sirva espolvoreado con chalotas picadas.

Fideos de huevo cocidos

para 4 personas

10 ml / 2 cucharaditas de sal
450 g / 1 libra de pasta al huevo
30 ml / 2 cucharadas de aceite de maní

Hervir una olla de agua, agregar sal y pasta. Vuelva a hervir y cocine a fuego lento durante unos 10 minutos hasta que estén tiernos pero aún firmes. Escurrir bien, enjuagar con agua fría, escurrir y luego enjuagar con agua caliente. Rocíe con aceite antes de servir.

pasta al huevo al vapor

para 4 personas

10 ml / 2 cucharaditas de sal

450 g / 1 lb de pasta fina al huevo

Hervir una olla de agua, agregar sal y pasta. Mezclar bien y filtrar. Coloque la pasta en un colador, colóquela en una vaporera y cocine al vapor en agua hirviendo durante unos 20 minutos hasta que esté tierna.

pasta tostada

Para 8 porciones

10 ml / 2 cucharaditas de sal

450 g / 1 libra de pasta al huevo

30 ml / 2 cucharadas de aceite de maní

cacerola

Hervir una olla de agua, agregar sal y pasta. Vuelva a hervir y cocine a fuego lento durante unos 10 minutos hasta que estén tiernos pero aún firmes. Escurrir bien, enjuagar con agua fría, escurrir y luego enjuagar con agua caliente. Rocíe con aceite, luego sazone suavemente con la salsa deseada y caliente suavemente para que los sabores se mezclen.

pasta frita

para 4 personas

225 g de pasta fina al huevo

sal

Freír en aceite

Cocine la pasta en agua hirviendo con sal según las instrucciones del paquete. Escurrir bien. Extendemos varias capas de papel de cocina sobre una bandeja de horno, estiramos la masa y dejamos secar varias horas. Calentar el aceite y sofreír los cucharones durante unos 30 segundos cada uno hasta que estén dorados. Escurrir sobre papel absorbente.

Pasta frita suave

para 4 personas

350 g de pasta al huevo

75 ml / 5 cucharadas de aceite de maní (maní)

sal

Hervir una olla de agua, agregar la pasta y cocinar hasta que la pasta esté suave. Escurrir y enjuagar con agua fría, luego agua caliente y luego escurrir nuevamente. Añadir 15 ml / 1 cucharada de aceite, dejar enfriar y enfriar en el frigorífico. Calienta el aceite restante hasta que esté casi humeante. Agrega la pasta y sofríe a fuego lento hasta que el aceite la cubra. Baja el fuego y continúa removiendo durante unos minutos hasta que la masa esté dorada por fuera y suave por dentro.

Tagliatelle al vapor

para 4 personas

450 g / 1 libra de pasta al huevo
5 ml / 1 cucharadita de sal
30 ml / 2 cucharadas de aceite de maní
3 cebolletas (cebolletas), cortadas en tiras
1 diente de ajo machacado
2 rodajas de raíz de jengibre, picada
100 g de carne magra de cerdo cortada en tiras
100 g de jamón cortado en tiras
100 g de gambas peladas
450 ml / ¬œpt / 2 tazas de caldo de pollo
30 ml / 2 cucharadas de salsa de soja

Hervir una olla de agua, agregar sal y pasta. Llevar a ebullición y hervir durante unos 5 minutos, luego colar y enjuagar con agua fría.

Mientras tanto, calentar el aceite y sofreír la cebolleta, el ajo y el jengibre hasta que estén dorados. Agrega la carne de cerdo y sofríe hasta que esté liviana. Agrega el jamón y los camarones, luego agrega el caldo, la salsa de soja y los fideos. Llevar a ebullición, tapar y cocinar a fuego lento durante 10 minutos.

pasta fría

para 4 personas

450 g / 1 libra de pasta al huevo
5 ml / 1 cucharadita de sal
15 ml / 1 cucharada de aceite de maní
225 g / 8 oz de brotes de frijol
225 g de cerdo asado, picado
1 pepino cortado en tiras
12 rábanos cortados en tiras

Hervir una olla de agua, agregar sal y pasta. Vuelva a hervir y cocine a fuego lento durante unos 10 minutos hasta que estén tiernos pero aún firmes. Filtrar bien, enjuagar con agua fría y escurrir nuevamente. Rocíe con aceite y colóquelo en una fuente para servir. Coloca el resto de los ingredientes en platillos alrededor de la pasta. A los huéspedes se les sirve una selección de ingredientes en tazones pequeños.

cesta de pasta

para 4 personas

225 g de pasta fina al huevo

sal

Freír en aceite

Cocine la pasta en agua hirviendo con sal según las instrucciones del paquete. Escurrir bien. Extendemos varias capas de papel de cocina sobre una bandeja de horno, estiramos la masa y dejamos secar varias horas. Cubre el interior de un colador mediano con un poco de aceite. Extienda una capa uniforme de masa de aproximadamente 1 cm / ¬Ω de espesor en el colador. Engrasa el exterior de un colador más pequeño con aceite y empújalo dentro del más grande. Calentar el aceite, colocar los dos filtros en el aceite y freír durante 1 minuto aproximadamente hasta que la masa esté dorada. Retiramos con cuidado los filtros y, si es necesario, pasamos un cuchillo por los bordes de la masa para aflojarlos.

panqueques de masa

para 4 personas

225 g de pasta al huevo
5 ml / 1 cucharadita de sal
75 ml / 5 cucharadas de aceite de maní (maní)

Hervir una olla de agua, agregar sal y pasta. Vuelva a hervir y cocine a fuego lento durante unos 10 minutos hasta que estén tiernos pero aún firmes. Escurrir bien, enjuagar con agua fría, escurrir y luego enjuagar con agua caliente. Mezclar con 15 ml / 1 cucharada de aceite. Calienta el aceite restante. Agrega la masa a la sartén para hacer un panqueque espeso. Freír hasta que estén doradas en el fondo, luego darles la vuelta y freír hasta que estén ligeramente doradas pero suaves en el medio.